U0015148

我的香港小旅行

在這裡遇見的八位日本人

我的香港小旅行 ——
在這裡遇見的八位日本人

加藤万奈 著

孫 海 玉 編譯

中和出版
OPEN PAGE

目　錄

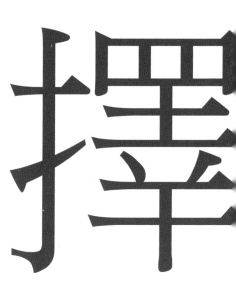

第一章

職業足球員：中村祐人

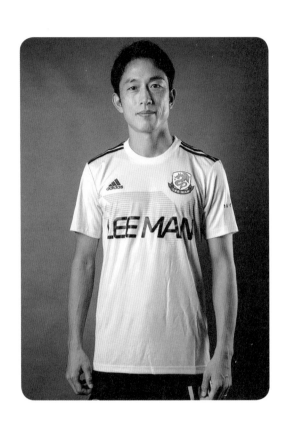

受 訪 者：中村祐人

職　　業：足球運動員

訪問日期：2019 年 10 月 29 日

簡歷：

1987 年	出生於千葉縣。
	歷經柏小學、浦和小學青年隊、浦和青年隊／西武台高校、青山學院大學。
2009 年	香港甲級足球聯賽（現港超聯）代表天水圍飛馬隊亮相出道，同年轉投葡萄牙的樸迪莫倫斯隊，之後回歸香港甲組聯賽。
	效力過天水圍飛馬、公民、南華、黃大仙及和富大埔。
2018 年 7 月	加盟勁旅傑志，同年取得香港護照，並獲入選香港代表隊。
2020 年 2 月	以外借球員身份效力和富大埔。
2020 年 6 月	效力港超聯球會理文。

在香港生活的朋友，如果喜歡足球的話，對於現時活躍的職業足球員中村祐人相信不會陌生。

從朋友處取得他的聯絡方式 —— 那是 2019 年 10 月的事，我一直很想訪問這位放棄日本國籍，入籍香港並留在本地發展的職業球員。第一次的電郵聯絡，沒過幾分鐘手機屏幕便亮了起來，是中村先生的回覆，他馬上查看行程，落實訪問的時間。這是我首次見識到他的處事態度與行事風格。

沒有被選中的隊員

與中村先生見面時，他剛回巢和富大埔不久。

今季（2019 - 2020）香港超級聯賽開始之後，中村先生上陣的機會不多。這種候補席也坐不到的日子不能一直持續下去吧？他直接找到教練，卻得到這樣的回覆：「你不是隊中的主戰力，沒有人跟你說嗎？」

高層的決定完全沒有人告訴他，但他沒有沉溺於被擊敗的沮喪中，「這樣（不是隊中主戰力）的話，我必須動身了。」他想，於是主動聯絡球會，最後成功回歸和富大埔。

「我喜歡回到原來的球隊，加上和富大埔今季有望出戰亞洲區賽事，我覺得是個好機會。」

與中村先生見面前一天，2022 年世界盃外圍賽（亞洲區）香港代表隊的球員外單剛剛出爐，中村先生不在名單中。

「2018 年 10 月之後，我都沒有在（入選）名單中。但我仍然不會放棄，希望可以爭取成為正選。」中村先生表情沉穩，冷靜地說。

讓人刮目相看的信念，中村先生比任何人都強。「即使否定我的人很多，但我總會有着『你就好好看着吧』的念頭（繼續努力）。」

每次遇到困難，他都會想起當年在柏小學部足球隊無法

升上青年部的情形。千葉縣柏市足球隊柏雷素爾（Kashiwa Reysol）是曾奪得全國冠軍的勁旅，考上柏中學部進入柏雷素爾的青訓系統是小學部足球少年最在意的事情。

「我當時已經代表球隊（柏雷素爾少年隊）出賽，應該不會考不上吧！」當時的中村先生這樣想。結果未能如願，一起踢球的隊員中只有他落選。

「現在回想起來可能覺得不怎麼樣，但對於小學時的自己來說，是一種挫敗。」他說，想起當時雖然失落，但腦海裡完全沒有想過要放棄足球，只有「繼續努力練習」一個選項。

從小他便學會調整心情，無論如何都會盡力去做。「從那時開始便有一種危機感，例如遇上大雨，覺得天氣太差踢不了球，但同時也會想，如果這樣就逃避，一切都會完了。」

即使只有自己在練習，仍感受到樂趣。「因為自己沒有天份，爸爸甚至看扁我，認為我不可能成為職業足球員，所以我只能在別人休息的時候堅持去做。」

父親中村修三曾經是職業足球員，2010 年曾率領有「日本撫子隊」之稱的女子國家代表隊出戰 FIFA 德國女子足球世界盃，並奪得冠軍。2018 年重返日本勁旅浦和紅鑽擔任總經理 —— 當我為這本書奮筆疾寫時（2020 年 2 月），在電視上便看到「中村修三就任青山學院大學足球部總教練，隊伍重建的

王牌重聘」的新聞。我與中村先生不多的共通點中，其中一個就是我們讀過同一間學校 —— 雖然是不同屆別，但我們都畢業於青山學院大學。

中村修三也是青山學院大學足球部出身。

中村先生至今仍然記得與父親一起踢足球的日子：從小學四年級至六年級，早上五點半起床，在小學操場與爸爸踢球是每天例行的練習。

「我覺得跟他（父親）有點相似。他曾經說過自己是順其自然，隨遇而安的人，而我也曾經這樣形容過自己。」

媽媽在中村先生的自傳《サッカー香港代表中村祐人という生き方》（香港足球代表 —— 中村祐人的活法）中這樣評論兒子：少年時是那種想好下一步，甚至再下一步怎樣走，然後就朝着那個方向直奔的孩子。

中村先生說自己不覺得是這樣。然而小時候與父親一起踢球的日子與現在的職業連接在一起，「32 歲的兒子到現在還在踢足球，我想他們一定在為我高興着呢！」他挺起胸膛說。

成為香港人的日本人

2018 年 10 月，中村祐人以香港選手身份參與國際賽，對

戰印尼代表隊，媽媽與妻子前往印尼支持。

比賽前中村先生剛取得香港身份證。究竟他是在怎樣的心情下，決定放棄日本國籍，選擇入籍香港？這麼說可能有點失禮，也許是出於衝動，但他沒有動搖和迷惘，堅決地做出了改變國籍的決定。

2009 年 1 月 1 日，中村先生在代理人介紹下到香港試腳。日本的職業球隊在選拔新人時，簽約與否都取決於試腳的結果，但他到港後僅僅三天便簽下了合約（編按：天水圍飛馬）。

香港的足球界，就是這麼快就做出決定。

球隊如果有想簽下的新球員，意味着有一位現役球員必須離開。當球隊決定簽下中村先生時，也就表示着有一位球員即將解約。「再用不上的話就放棄」的情況，就是所謂的「實力主義」，全世界都在朝這個方向轉變，香港更加明顯 —— 追求「當下」的實力。在這種環境下，球隊並不會過多考慮他為球隊貢獻過多少，以往有過甚麼的評價。香港的職業球員其實是在相對嚴苛的環境中成長，中村先生說。年輕球員薪金有限，有的會力爭上游，認真思考和做事，有的會覺得怎樣努力也只能拿個低薪，因而慣性放縱自己。

總體來說，「（香港球員）處於較為無奈的情況下，好像不知道甚麼時候會失業，可以說是在比較嚴苛的環境下作戰。」

　　但他選擇了在這個地方定居及發展。「雖然我在葡萄牙踢過一年（足球），最終還是倒下了。」中村先生說。

　　「最初適應環境時，只有自己一個人，周圍並沒有其他日本人，在那樣一條小小的街道上，除了踢球，甚麼也做不了。」轉會到葡萄牙踢球的他感到沮喪，「來到這樣的環境，如果足球也踢不好的話，一個人究竟能做些甚麼？」他覺得自己無法再堅持下去。

　　但這不是大家都經歷過的嗎？中村先生提起 2006 年至 2008 年連續三年入選日本國家隊，以隊長身份出戰世界盃的長谷部誠，還有連續三屆世界盃均代表日本取得入球和助攻的本田圭佑，都強得超乎想像。

　　「能夠在歐洲獲得成功的球員都具有堅強的個性。」他這樣想，自己在葡萄牙的經歷也就變得正常不過。

　　「第三次（編按：中村先生在葡萄牙留了一年後曾短暫重返天水圍飛馬，其後返回日本打算放棄足球，在上班僅兩日時，收到香港甲組球會公民的邀約，三度來港）回到香港時，我下定決心要為自己設立一個目標。」中村先生說，「就以成為香港隊代表為目標吧。為此，必須成為香港人。」這個念頭一誕生，他馬上便決定了放棄日本護照。

　　既然做出決定，之後就不再去想多餘的事情。

「你真的了解嗎？放棄日本國籍意味着甚麼？」我忍不住問。

「我知道不能持有雙重國籍，但當時也只是『哦，這樣』的反應，感覺並不是甚麼大事。」中村先生說。（編按：香港允許香港人持有雙重國籍，日本則不承認雙重國籍。）

「那父母和家人有甚麼反應呢？」我追問。

「祖母那代人或會有點在意，但父母的反應是：哦，加油吧！感覺好像在商量搬去家附近之類的話題那樣平常。」

即便中村先生已經表達很清楚，我仍想知道他選擇更換國籍後，會不會有感到煩躁不安的時候。於是我改變問題再試探：「當你確實改變了國籍之後，會感到不方便或者不習慣的事情嗎？」

拋出這個問題的我，期待他給我一個超出預期的回答。

「完全沒有。」他說，「反而腦海裡會冒出：如果我是日本人，能否去北韓之類的念頭。」

2019 年 2 月中村先生曾有機會到北韓作賽，香港隊員很順利入了境。「因此我便很自然地想到，要是日本人的話，可以順利去到嗎？除此之外，其實我沒有感到甚麼困惑的事。」

我無法掩飾自己的驚訝。「中村先生，現在很多國家都允許雙重國籍，你會不會覺得不允許雙重國籍很不合理？」這樣

問，是因為我常在新聞裡看到很多日本人為了爭取雙重國籍而做出各種努力，我總會在心裡為他們加油。

為了足球而轉換國籍，卻是關於中村先生的一切。「對於中村先生你來說，國籍是甚麼呢？」我發出關於國籍的最後一問。

「國籍就是粗線條的自我介紹，就像是一種形象。比如說到日本人，人們便會浮現守規矩、有禮貌等印象；說到韓國人，會覺得自我主張性很強。僅此而已。對於香港人，大家又會有甚麼印象呢？」

對於中村先生來說，「國籍」就是一種印象式的自我介紹，但他並沒有輕視取得香港身份的意義。「選擇了更改身份的人，對新的國籍有需要承擔的責任與義務。」而他並沒有回歸日本籍的打算。

無論如何，球場見

中村先生 2018 換上香港人身份，那年，他入選香港代表隊，代表香港出戰國際賽事，對戰印尼。

我問他作為香港代表參加比賽的心態，在訪談中一直保持平穩語調的中村先生突然提高了聲音：「這是背負着香港的事

情，沒有任何比賽可與此相比。」

「在這種氣氛下，我唯一想的就是如何變得更強，更渴望被挑選出戰。如果真的沒法被選上，除了只是懊惱，更加想去報答恩情。」

中村先生強調：「香港代表隊中有很多外國人，拿到其中一個名額的我，作為一個職業球員，有責任把我的技術與經驗傳承下去，這是我的職責。」

成為香港人，他現在要做的是為香港未來累積更多經驗，希望這些能作為「香港」而被保留的技術與經驗，未來有機會傳承給香港的年輕人。「如果通過更換身份而加入代表隊，很快便回歸原籍的話，那他的選擇只是為了當下。『當下』固然重要，但人不能只為了自己而選擇當下，更應該為了你所選擇的這個地方，去做好自己的事情，去將累積的經驗傳下去。」

被選拔、出賽、為香港而戰，都不是一件簡單的事。「我不會看輕以前參加過的比賽。記得 2018 年 10 月 16 日作客印尼，上半場始終被印尼隊壓着打。當時現場香港隊的支持者只有媽媽及妻子在內的 20 人，那場比賽給我留下獨特的體驗。」

如果是與香港的頂尖球員一起在香港主場出戰，是怎樣的感覺？「我真的很期待可以在香港體會得到。」

那一場賽事，港隊最終在後半場追成 1 比 1 和局。

「隨着時間過去，那場比賽很多細節的記憶已慢慢淡化，但那種『請再選我出戰吧』的心情，卻每一日都那麼鮮明。」

中村先生從不穿涼鞋，不喝冷飲。訪問在一間冷氣很強的咖啡廳進行，如果是日本的球員來到這樣的地方，都不會穿露出足踝的服裝，因要防止對於職業球員很重要的雙腳受寒，也避免不知甚麼時候會受傷的風險。

「不是說足球犧牲個人生活，但至少是時刻想着足球的事情。」中村先生談到關於「何謂專業」的事情：「我自己的理解，就是所有行動都圍繞着足球。」

他在日常生活中很愛惜自己的身體，並不只是為了「在比賽的限定時間裡拚死一戰」，也希望在生活態度上，可以成為後輩學習的榜樣。

世界各國的水準不一，「並不是說輸球的就是弱者」，他認為只要條件許可，球員個人仍有提升實力的方法，他確信自己擁有這樣的能力。

歐洲足球強隊林立，球員擁有與亞洲球員不同的骨骼結構和肌肉力量，純以身體碰撞來說，歐洲人很強。正因如此，拋開體力來說，除了生活習慣與日常的自律，中村先生說，通過心理上的調整，仍可以找到與歐洲球員抗衡的方法。

「保持一種無論如何，球場上見的進取心很重要。」

今屆亞洲聯賽冠軍盃外圍賽第二圈賽事，和富大埔作客馬來西亞球隊吉打，
中村先生起腳飛傳，惜無功而還。

說廣東話的堅持

　　中村先生能操英語、葡萄牙語和廣東話。「可是每一種語言都不太流利。」

　　對於語言，能夠把想說的話傳達到對方就好了。他這樣想，與我分享用葡萄牙語和韓國隊員溝通的故事。

　　那位韓國隊員不懂得日語，英語也不好，中村先生則不會韓語。葡萄牙語是他們的第三語言，卻是當時二人的共通語言。

　　外語是能夠溝通就好。然而把想說的話大剌剌地講出來，結果與別人的意見相左，形成對立的關係；或是完全不說自己的想法，避開所有矛盾，這些都不是中村先生希望看到的。

　　「想說的話私下說。」他這樣想着。即使堅持自己的主張，也會先去聆聽別人的說話，如果必須要表達的時候，會私下與對方溝通，大致可以做到凝聚共識。

　　「在歐洲比賽時，有時會遇到對方球員將犯規行為的責任推給自己，這時我會說：我也覺得是這樣情形。對方意識到我的態度，就不會再爭辯下去。我並不喜歡爭論，也不會一味只說自己的想法。而是會先仔細聆聽，再私下把自己的主張傳達給對方。」不會徹底保持沉默，把自己的意見全部吞下不說，也不會只掛着說自己的意見，這就是中村先生在海外經歷中培

養起來的溝通能力。

　　說起用葡萄牙語溝通的那位韓國隊員，中村先生比他的英語要好一些，但讀書時學英文，並沒有給中村先生留下甚麼好的回憶。他不擅長閱讀沒興趣但文字有點難的英文書，所以無法理解書中的內容，甚至認為上英文課都很無聊。作為一名語言導師，聽到他的話我有點難過。隨着時代變遷，日本高等教育機構的語言教育應該要有點改變吧，必須持續地思考「究竟為了甚麼進行語言教育」的問題，認真地去貫徹實踐才對。

　　中村先生考進青山學院大學後，初次接受英語授課時被嚇到了。旁邊的女生流利地說着英語。「如果能早一點接觸到外語就好了。一開始我就不知道世界各國有不同的語言，所以沒有習慣，以致與外國人談話時都很緊張。香港出生的孩子真好呢。很早開始身邊就有很多外國人。」

　　然而廣東話卻跟其他外語不一樣。對於中村先生來說，廣東話並不是「外語」。

　　2019 年世界盃橄欖球（Rugby World Cup）首次移師亞洲，於日本舉辦。日本隊進入最後八強，國內到處氣氛熱烈。當時中村先生在香港看電視轉播，日本代表隊中很多外國選手都可以用日語回答媒體訪問。他感受到「因為掌握當地的語言而受人喜愛」的道理，決定自己有一天也要像那些選手一樣。

「廣東話確實很難，但我真的很想努力學懂。當觀眾看到
我（接受訪問）一定會這麼想：既然你用香港代表的名義，就
請說廣東話吧。」

中村先生正在讀廣東話課程，「這是我第一次感受到學習
語言的樂趣。」他說，「代表香港到外地比賽時，給當地觀眾看
的媒體採訪時我會說英文 —— 可我不喜歡用英語去回答呢。」
他直截了當地說。

作為香港代表，就想說廣東話。這一點不可退讓，中村先
生這麼堅持着。

關於體育教育與下一代

對自己的決定充滿自信的中村先生，認為不論是在日本、
香港還是世界上其他地方，體育教育中最重要的就是要有愛。
如果教練與學生之間有信賴，即使教練再嚴厲也沒有關係。

他在修學旅行時曾有被剃光頭的經歷 —— 那次的修學旅
行，中村先生的學校與其他學校發生衝突，在事發現場的他也
被罰剃光頭。這是讓犯錯者表現出有在反省的態度 —— 雖然
社會上對此存有爭議。

至於教練的體罰，中村先生甚至有過被罰跪坐在滿佈碎石

的柏油路上一小時的經歷。至今他仍然對教練心存尊敬，而沒有半句怨言。在香港幾乎不會出現這種嚴格的上下關係，反倒有教練因為太過嚴厲而被學生父母投訴，以致被停職的個案。

好玩、可愛、超喜歡，如果體育教育只宣傳這樣的一面是不全面，也是不成熟的。「體育本身就是一項有苦有樂的活動。」世界上不可理喻的事情很多，現實的社會是嚴苛的，如果小時候沒有經歷過這些不合理的事情，長大後就會無法具備遇到不如意事時如何應對的耐性。這並不是要刻意為孩子製造無理取鬧、不可理喻的經歷，然而在團隊合作中，總會遇到無法避開的不公平事，讓小朋友預先體會一點這種經驗也未嘗不是一件好事。中村先生最重視的，是要取得平衡 —— 這是源自他的恩師，西武台高中足球部教練守屋保先生的想法。

中村先生在教小朋友踢足球時，也常常會說到一句在守屋保先生身上學懂的一句話：「足球員總會有狀態不好的時候。遇到這種情況的時候，就比平常跑得更多、防守得更好，來為球隊努力吧！」

回想起當年，有次某位球員被錯派上陣，但他當天狀態不是太好，以致無法發揮出個人的長處。「但是他憑着這個念頭，在狀態不好的情況下仍然為球隊作出貢獻。所以我會對孩子們說，雖然現在你做不到這件事，但你可以做到其他的事情。」

人生也是如此，當事情發展不順利的話，便試着用別的方法，在不同的地方做貢獻。

為孩子設的足球學校終是有限期的，如今他不再擔任教職（編按：中村祐人曾開辦足球學校，教居港日童踢足球，學校於 2018 年結束），但仍常會收到孩子們的郵件。

「每次教班時都感到非常快樂。」他說，並相信終有一天可以再重開足球學校，「孩子們吸收得很快，有時也學得很像我的踢法。我不敢說這一定是好事（像自己的踢法），但也會感動，覺得他真的有在看着。有時學生會在看過我比賽後來練習，腦海中都會浮起這樣的念頭：這不就是我的踢法嗎？你有在學我吧！」

然而學習能力高的孩子雖然很快記住，但也忘記得快。「要說的話，我會覺得學習能力沒那麼高的孩子比較可愛呢！」瞇起眼睛說這句話的中村先生，不像一個球場上的足球員，倒是讓我真正感覺到一個足球教練的風采。

中村先生把小孩子當成寶貝，但也提到過份溺愛的弊端。「在 12 歲之前，孩子不能自己隨意到公園遊玩，就算是踢球，也一定有大人在身邊，這樣的話，孩子們都會很在意父母的目光。」在香港，如果讓 16 歲以下的孩子獨自留在家中，或者獨自外出，都可能構成監護人疏忽照顧的罪行，所以無論小孩子

去哪裡，都必有大人隨行。

當被身為教練的中村先生訓斥時，有時孩子的眼神會投向父母的方向，然後父母會趁中村先生不留意的時候，再次訓斥孩子：「教練在生氣呢！」

「遇到這樣的情況，我就會想：就是因為我真的在生氣，孩子的媽媽你不要說出口會更好吧！」中村先生說。

心 目 中 的 無 名 英 雄 與 夢 想

中村先生到印尼踢國際友誼賽，妻子萌加也現身為他打算。中村先生說她是個「正義感強、很坦誠的人」。她會通過增強膳食、平衡營養等在日常生活的調理，讓中村先生感受到她在與他並肩作戰。

在賽場上，為中村先生的加油聲中萌加永遠是最給力的。所以，在球場上，只要將目光投向加油聲音的方向，即刻能找到他妻子呢。

「我自己的話，是無法成為任何人的『無名英雄』的。但妻子就是我的無名英雄，她一直在默默為我付出。我希望將來都可以跟她一直相愛、愜意地生活下去。」

果然，讓中村先生感到身心放鬆的，就是與妻子一同生活

的香港的家吧。

最後，我再一次問他今後的夢想，他舒展一下背部，這樣回答我：「最近在忙世界盃外圍賽的選拔。我希望能成為被選中的一員，正積極地在練習。真得希望在有生之年可以看到香港打入世界盃決賽，所以想為此做出一些貢獻。目前也想着會引導孩子們去擁抱夢想，認真地去踢足球，再由我將自己的經驗傳授給他們。嗯，光是想這些已經很開心。自己在努力取得亞洲職業球會的教練資格，現在只拿到最基礎的一種資格，所以現在開始要加把勁了。畢竟，我也都 32 歲了。」

中村先生並不怎麼在乎年齡的問題，他說雖然有感覺到體力衰減的時候，但頭腦非常清晰，特別是談到該怎樣規劃孩子的道路，他更是談笑風生。

「當然，體力衰減是確實有的，我本來就跑不快，所以根本都不在意呢。踢足球是很開心的，怎能被那麼一點東西去影響呢？我是這樣想的。」

那張不作修飾的笑容，掛在這位永遠的足球少年上。可以感受到中村先生的過人之處。因為喜歡足球，只要是為了足球的話，甚麼困難都能克服過去。無論何時也好、現在也好、將來也好，可以做的事多得是呢。這份對足球的熱愛與覺悟，直至今天依然帶領着中村祐人先生向着球場進發呢！

訪談後記

訪談過程中我因長時間說話而聲音沙啞，中村先生見狀對我說：「還好嗎？要不要我去買點熱飲來喝？」道別時，他對我說：「很久沒有跟日本人放鬆地暢談了，也沒甚麼機會跟大學的前輩見面。今天真的很高興！」

當聽說有這樣一位歸化成為香港人，作為職業足球選手效力於本地球隊的時候，我腦海中浮現的是一位正直、自信，甚至蠻難接近的男性形象。隨着追蹤他的 instagram 賬號，再多了與他郵件往來之後，那樣的印象完全被打破了。

不過，這次訪談又再次顛覆了我原本的想像。放棄日籍選擇香港身份，為香港效力，應該是一件很不容易的事，中村先生卻輕描淡寫地說出：「國籍就是粗線條的自我介紹」，他認定從此之後會致力於做身為香港人可以做的事。這樣的中村先生真是洋溢着不可思議的魅力啊。

中村先生的 instagram 上有不少支持者與受教於他的孩子們的的留言，他都親自一一回覆，果然是堅定地貫徹「我道」的中村選手啊。儘管如此不易，在他的道路上，有很多愛慕着他的、支持着他的夢想的家人與摯友。我希望中村先生與這些同伴們一起，為自己，為香港，努力不懈地去實現夢想。

インタビューを終えて

　インタビューの途中、声がかすれてきてしまった私に、「大丈夫ですか？何か温かい飲み物でも買ってきましょうか」と声をかけてくれた中村選手。別れ際には、「日本人の方とゆっくり話すのは久しぶりで、大学の先輩に会えることもなかなかないし、楽しかったです」と言ってくれた。

　帰化して香港人となることを選択し、プロサッカー選手としてプレーしている選手がいると聞いた時には、正直、自信たっぷりで、取っつきにくい男性を想像した。彼のインスタグラムをフォローするようになり、メールのやり取りをするようになってからは、印象がガラッと変わった。

　インタビューでは、そんな私の想像が再び裏切られることとなる。国籍を変えて、香港のために尽くすというのは、簡単なことではないはずなのに、「国籍は、大雑把な自己紹介」とサラッと言い切り、今、これから、香港人として出来ることに集中している。不思議な魅力に溢れている。彼のインスタには、ファンや教え子からのコメントが多く、その全てに、彼自身が応えている。強く我が道を行く中村選手。しかしその道には、彼を慕い、彼の夢を応援する家族や仲間が大勢いる。そんな仲間と共に、自らのために、香港のために、夢を叶え続けて欲しい。

第二章

演員、模特兒：和泉素行

受 訪 者:和泉素行

職　　業:演員、模特兒

訪問日期:2020 年 1 月 9 日

簡歷:

日本岡山縣人；

就讀神戶商科大學時前往廣州留學；

在廣州展開演藝活動兩年後，遷居香港。

2015 年　在香港演藝學院學習表演。

2016 年　以嘉賓身份出演《江湖悲劇》；

出演《逆緣》（2017 年）、《救妻同學會》（2018 年）
等多部 TVB 劇集。

為香港吉野家、豐田等出演廣告，以旅遊節目報道
者、電台主持人、司儀等不同身份活躍於多個領域。

2019 年　出演香港電影《墮落花》。

2020 年　主演電影《二人小町》即將日本公演；

自己拍攝、製作人氣視頻節目《我は何しに香港へ?》。

「百忙之中能抽空見個面嗎？」懷着試探的心情，初次發出訪問邀請電郵時我幾乎已經想放棄。沒想到旋即收到這樣的回覆：「說不出甚麼了不起的話，也不善於言談，不過若能加強日本和香港之間的聯繫，請讓我盡一份力。」與和泉素行的訪問就這樣開始。

　　身為藝人，卻說自己不善言辭，這多少讓我吃驚。從文字上看，這封回信不帶修飾，浸透着容易接近的親和感。採訪當天見到的素行先生，周身並無閃亮的明星光環，只是一個身形頎長、態度謙和的青年人形象。作為活躍在香港的日本藝人，和泉素行這麼特別的名字是藝名嗎？詢問之下，原來是父母挑選的本名。「素行，保持本真的意思，不虛飾，活出自我的樣子。」父母在名字中傾注了對兒子的願望。

我的名字

現在於香港生活的 SOKO（素行）先生，常被人與 SOGO（崇光）混為一談。對香港人來說，要區分日語中 KO 和 GO 的發音實在很困難，廣東話在 KO 和 GO 之間有一個接近的發音，懂得分開這三者需要絕對高超的技術。不過，現在 SOKO（素行）與 SOGO（崇光）在香港都是人氣很高的存在。

素行先生三歲時隨父母搬到美國生活，這讓他自小擁有海外生活的經歷，幫助他擴充個人視野。大學時選修第二外語時，素行參考了父親的建議選擇了中文，當時大多數同學選擇的是法文或西班牙文。父親說今後中國的經濟發展是不言而喻的，現在學中文，將來一定會派上用場。

現在的素行先生講起廣東話和普通話時游刃有餘，說父親的一個建議從此改變了素行先生的人生並不過分。即將邁入成年的男孩，以本真的內心接受父母的建議，這樣的講述讓我感慨，講述者本人如父母所願，拋開面具活出自我的那份率真更令我印象深刻。

素行先生來港已經 13 年，現在以藝人的身份活躍於娛樂圈。他對隨着各種人際關係的建立自己一步一步被香港社會和香港人接受的過程頗多感觸。人際關係不僅僅得到拓寬，而且

素行先生努力爭取演出機會。圖為他演出時的劇照。

更為深厚，以地道的方式處理人與人之間的關係，人際關係不就會更為寬廣嗎？從此之後，更想建立這種人際關係裡的深厚感。因此也更想在香港待下去。當初計劃以十年為一個期限，如果達不到自己心目中描繪的樣子，就只能放棄留在香港的念頭回到日本。現在看來，素行覺得自己終於成長為心目中想要的樣子。

這次的訪談在出版社進行，出版社員工們看到素行先生，紛紛前來希望與他合影。素行先生手中舉着自己的標誌公仔魚蛋太郎，來者不拒，配合度很高地與大家拍照。

「回到日本，特別是回到老家，感覺一下子放鬆下來。香港似一個戰場，『FIGHT！』當然有這種感覺。從日本回來的航班在香港機場一落地，『啊！回來啦！好想吃叉燒飯和雲吞麵啊』的念頭又即刻浮現。香港人想吃雲吞麵的心情也是這樣的嗎？我慢慢能理解了。」

我注視着眼前素行先生端正的側顏，內心升騰起一種預感：以這樣的對話開始的訪談一定相當精彩。

對在舞台上表演這件事的渴望，回想起來，從還是小學生的時候就開始了吧。那時素行沉迷於畫畫，常常趴在桌子上一連數個小時畫漫畫。

「都是自己想出來的漫畫，每天在筆記簿上畫啊畫，再展

示給小夥伴們看。小夥伴們期待的樣子令自己更想展示，也更為開心，一股腦繼續畫下去，結果變成好像漫畫連載一樣。心裡面想着要當搞笑藝人和畫家，所以中學和高中的時候都選擇了美術課，在家裡時也總是畫個不停。其實整個高中時代一直想着要上美術大學。」

可是，有一件使這個念頭戛然而止。一邊畫畫、一邊在中學足球隊踢球的少年，有一天被美術老師說：「真想去讀美術大學的話，最好放棄踢球吧。」

「單純地覺得和朋友們一起踢球是很有趣的運動，所以不想放棄，在那個瞬間，覺得自己真的很想踢球，就毫不猶豫地選擇了足球，從此放棄了畫畫。原本一邊畫畫、一邊踢球的打算，因為老師的一番話輕易放棄了。現在回想起來，足球和畫畫一起堅持下去就好了，可是當時的自己就是那樣全心全意地聽老師的意見。現在看來好像傻瓜一樣，可是那個時候頭腦中不存在二者並行的選項。」

至今仍對當年決定感到後悔的素行先生，認為從美術老師的角度來看，他的意思大概是「如果真想走美術的道路，就必須拿出那樣的誠意。」不過，老師究竟是不是這個意思，直到今天他並不清楚。高中時代的自己將老師說的話視為絕對正確，做出了幼稚的決定，如今回頭再看，不想揣摩是否存在其

素行先生至今仍然喜歡音樂與唱歌。

他可能性，只能說自己思考不周，絕對不能怪罪到他人身上。
「如果當時堅持畫下去的話……」我不敢問這樣的問題。此刻
再對素行先生說出這種回首往事的話是不合適的，但總覺得對
當年的決定的追悔，與現在的創作意願之間存在着某種關係。

「放棄了上美術大學的念頭，想着先考得進大學，用四年
時間再思考。」

轉換心情，讓自己多做嘗試，摸索前進的四年大學生活開
始了。只要與表演相關的事情，素行都非常有興趣。懷着對成
為「柚子」（日本着名的歌唱組合）那樣的組合的憧憬，走路時
唱個不停，買錄影帶，和朋友們製作音樂短視頻，吉他、模特
兒、漫才……把有興趣的東西都試了個遍。素行找到了自己興
趣所在：漫才。思考漫才中那些逗趣的梗，是最開心的時候。
因為那是空想、妄想的世界。一邊寫，一邊自己嘿嘿嘿地傻
笑。想出搞笑的題材，和搭檔排練後在人前表演。聽到笑點時
的爆笑聲，惹得聽眾哈哈哈笑個不停的畫面，這些帶給素行的
充實感，今天仍鮮明地留在他的記憶中。

大學的各門功課中只有中文得了優秀，其他科目勉強對
付，只為拿到畢業證而已。

「到中國闖闖吧」

夢想着與搭檔一起進入吉本興業（日本培養藝人與漫才師的著名經紀公司）的素行，有一天晚上，將拍檔約到兩個人練習時經常去的神戶的一個神社，「一起去吉本吧！」他做好為夢想背水一戰的準備。「可是我打算進入職場啊。」拍檔的一句回答使得一切瞬間崩塌，那是大學三年級的時候。之後素行再怎麼也找不到合適的拍檔，無所事事地混日子時，被中文老師隨口說的一句「不如到中國去闖闖吧」打動了。「在中國做藝人的話，可能蠻有趣」的念頭在素行腦中浮現，他自然地想到這也許是一個可以抓住的時機。自小的家庭經驗使得他並不排斥去海外生活，就這樣做出了去廣州做交換生的決定。

那已經是 16 年前的記憶了。回想起來，剛到廣州時，充滿了惴惴不安的感覺。頭一兩個月適應環境非常辛苦，幾乎不敢出門，第一次一個人在海外生活，無論氣味、空氣、濕度、食物等都無法習慣，感覺一切都是折磨，只能拚命地強迫自己適應當地生活。交換生為期一年，時間很快過去，卻仍然無法張口說中文，想着自己一定要徹底掌握中文，於是向學校申請休學兩年，決定繼續留在廣州，這一待便是三年。

有一天，在廣州的一間購物中心，素行被星探搭訕了。對

方突然遞上名片:「要不要試試做模特?」支付了 600 元,接受了一天的課程培訓,雖說確實是模特兒在走台步和擺姿勢方面的正規指導,可是這一堂課之後,再沒有收到對方的任何聯絡。素行心裡想,該不是撞到了甚麼身份可疑的騙子公司吧。雖然沒有從第一家公司得到任何機會,卻得到培訓老師的關照:「介紹一個好一些的經紀公司給你吧。」果然,換了經紀公司後,開始慢慢地有工作進來了,公司決定安排素行與唱片公司合作組建一個音樂組合,取名 SMART,出道第一首歌曲是在日本路人皆知的超高人氣名曲,由 SMART 演唱其中文版。

「版權沒問題吧?難道又撞到了一個不靠譜的經紀公司?」

雖然肚子裡有一堆問號與不安,演唱組合在購物中心和大學文化節的舞台上都受到好評。當時根本沒有日本人參加演唱中國歌的偶像組合,「莫非,作為第一個日本人偶像,這樣子行得通?」在舞台上用日語說出「ありがとう」(多謝)時,台下女孩子們熱烈的歡呼聲,讓素行初嘗成為明星的滋味。「若能被公司好好經營,肯定可以大賣吧!」內心冒出這樣的念頭。希望在胸中翻滾,可是還沒來得及一展身手,就因為唱片公司和經紀公司在合約上出現摩擦,SMART 的工作被無限期終止了。素行雖然做出各種努力,但兩位拍檔已經心不在,彼此漸生距離,再加上兩年的休學即將到期,必須要做個了斷。

素行聽從父母「就算是為了大學畢業證書，也應該回來，有無文憑對將來的人生很重要」的建議，決定回到日本。

在日本順利畢業後，素行決定自己一個人進軍演藝界。他改為選擇台灣的經紀公司，豈料兩個月後，公司那邊傳來消息：「台灣的觀眾更喜歡臉蛋俊秀的類型，今後公司不打算主推您了。」素行被公司排在了替補陣容裡。於是，通過以前在廣州時的朋友的介紹，素行改投香港的經紀公司，並以此為契機搬到香港，那一年他正好 26 歲。

踏上香港的那一瞬間，他橫下一條心，發誓說：「這次我一定要做好扎根的計劃，十年內不改變。」

即將活躍於香港的和泉素行，其演藝人生的帷幕正徐徐拉開。

「談不上甚麼激動人心或者逆境中拚搏的人生故事，真不好意思，這可以成書嗎？」交談到這裡，素行先生用謙遜的口吻問。我則等不及聽他開始講述香港生活的點點滴滴。

我 想 來 香 港

來到香港，發覺自己與香港不可思議地匹配。廣州留學時曾經來香港遊玩，那時香港給他留下的只是作為大都會的強烈

印象。住下來後才發現作為大都會的香港更洋溢着下町的人情味，不同地方來的人，與林林總總的物件交錯共生，街道上洋溢着「這裡在賣着好東西啊」的理直氣壯的感覺。無論從哪裡來，無論是甚麼樣的人，全世界的人都能在這裡找到自己的活法。

另一方面，在日本這塊土地上，總覺得好像存在着一種日本人釀造出的空氣感一樣的東西。對於這一點可以說好，也可以說是不好，不過外國人進入那個空間的話，原本的空氣感多少會被改變，也許會讓不少日本人感覺本身的秩序感被擾亂了。

在香港的話，怎麼說呢，不存在那種擔心被擾亂的空氣感，本身就是由多種文化和背景的人共同創造出的，任何人想要進來，都會受到歡迎：「請進。我們這裡啊，無論你是甚麼宗教、背景、個性、觀點，全部接受的，以你本來的樣子就好了。」這就是素行感覺到的香港。讓香港變得豐富多彩的，不僅僅是香港這個城市，還有構成這種城市的各種存在，包括不同的人，都刺激着素行對香港產生的強烈好奇心。

「想做的事情直接說出口，不用顧忌禮數那些東西，以合理、靈活的態度處理事情，以想做事情的方式做事情。」

自己的意見、自由和自我的個性，這些對香港人是非常重要的事情。

「以我不成熟的評論，香港人比日本人更注重活出自己。

一概而言也許並不準確，但我有這樣的感覺。如果不來香港，我可能無法按照自己的想法找到自己的活法。而人必須活出自己本來的樣子，才能在其中擔任一個角色，作為其中一員與社會相關聯，並實現自己的責任。所以人首先是自己活出自己的樣子，教會我明白這個道理的地方，正正是香港。」

如父母在名字中賦予的希望，素行先生追求一種不加偽飾的、自然率真的生活方式，香港是讓他實現這個追求的地方。作為一個上有姐姐、下有妹妹的夾心族，他從小接受的教育中，並沒有只有男孩或女孩才可以做的事情，反之，父母讓三個孩子明白，並沒有做這種區分的必要。男孩子要穿裙子，或是在人前哭泣，或是女孩子要剪短髮，只要是自己想做的事情就可以。

「迄今一直在追求『活出自己』的活法究竟是甚麼？要搞清楚可真不容易啊。聽上去可能很簡單，如果想出來的話，可能就失去它的意義了。也許它只可意會不可言傳，也許每個人與生俱來，只是隨着歲月推移、人逐漸長大，它被現實的東西遮蔽了。現今的社會雜音眾多，自己內心中本真的樣子肯定是存在的，如果能好好地感受自己的本意，我想人會變得從容。」

一到香港，即刻感受到有一種「這就是自己的樣子」的感覺。在日本時建立起來的常識性的東西在這裡接二連三地被打

破了。為了遵守形式而壓抑自己的事情,感覺上在香港沒有日本那麼多。5 年前為香港有線電視的節目組工作時,到了下班時間,向上司詢問「工作已經完成了,可以回去了嗎?」時,總是得到對方「隨便安排吧,不問我也沒關係」的回答。這位上司在大家口中也是用「郎哥、郎哥」的輕鬆口吻稱呼。

素行先生說香港人對日本很有好感,他分析說香港人和日本人的調性非常接近,因為二者秉持完全相反的價值觀,而這種差異不正是彼此相互吸引的理由嗎?香港是節奏超快的地方,重視效率和速度;日本正正相反,沉浸於花費時間於一件事情上。香港人對重視過程的日本人心存尊敬,亦甚為推崇漫畫家和職人的工作方法,這裡的人無不為工匠精神跟感動並抱以「哇哦!」的讚語,因為這些是香港缺少的。作為只有 200 年歷史的香港,很難不憧憬日本隨年代而繼承的歷史感。

香港人喜歡儲蓄,當然也有超出理性的過度行為。但是,當有人深陷困頓的時候,伸出援手的朋友幫起忙來真是絕不含糊。這是一個仍殘留着互相扶助的人情的社會。重視效率的香港人肯花費一兩個小時的時間等待,只為支持自己想要支持的店舖,即便隔壁店舖有許多空位。喜歡一個人和他做的事情,單純地為了表達想要支持他的心情,就會付諸行動。素行說,推崇賺錢與滿溢的人情味,二者共存正是香港的有趣之處。無

論任何不同的心情和觀點，香港人都很直接地表達出來，這讓沐浴在這種率真地表達自己心情的氛圍中的自己，內心好像被洗滌着，有一種已經忘記的東西再度被喚醒的感覺

素行相信，與香港邂逅的日本人，會被香港拯救。更自在地活着，做自己已經足夠，真的存在可以這樣生活的地方。如素行自己的感覺，認為與這裡更為適合的日人不是越來越多嗎？想知道更多關於香港的事情，更迫切地想來到香港，想要跟香港人成為朋友的日本人不是會越來越多嗎？

「中國、澳門、台灣等亞洲其他地方與香港之間的細微差別，日本人必定無法理解。說這個想法出於我的個人淺見也好，我覺得日本人和香港人絕對合得來。香港擁有的是日本缺少的國際化的氛圍，一種讓人感覺自由自在的寬廣感覺；日本遵從的整齊劃一的文化和常識，到了香港來可能會感覺被攪亂了，這恰恰是體驗個人從那種統一性中解放出來的機會。其中，對日本的均一性感覺良好、覺得與自己合拍的人也是存在的，但對於無法配合的人，因為必須要壓抑自己以配合周圍環境，會感到特別難熬。對於這樣的人，很想讓他們無論如何也來香港一次看看。」

與此相反，當我問起香港人關於日本特別想知道甚麼事情時，素行說，如果是向日本人介紹香港，他會有一大堆的建

議，但他發現關於日本自己也有很多不知道的事情。對於 20 歲離開日本，26 歲開始在香港生活並居住超過 13 年的他來說，這是很自然的，當自己被「日本有這麼棒的地方啊」震驚時，他的想法是「將這些介紹給香港人的話，該有多好啊」，所以在拍攝節目時，他完全變身為參與者，以樂在其中作為最重要的事情。喜歡日本的香港人對日本如數家珍，反過來日本人如何呢？是不是那麼了解香港的事情呢？很希望讓香港的事情被日本人更多地理解，這是素行先生一直以來的、未曾改變的立場，我感覺到那正是他活力的源頭。

日語與廣東話

剛來香港時因為語言不通，特別有格格不入的感覺。為了儘早掌握廣東話，融入香港的環境，素行避免與日本人交往，整天和香港朋友泡在一起。到餐廳吃飯時，大家說話的節奏很快，他根本追不上。

那個時候香港人的反應真是非常直接。

「我特別焦急，嘴裡發出『啊，那個，那個……』的聲音，甚麼？你說甚麼？對方皺着眉頭、一臉不解地看着我。被同伴忽視，聽不懂他們的玩笑時，心裡想『好孤單啊，被丟在這

裡。』在廣州留學時的孤獨感再次襲上心頭。」

「在廣州當交換生時至少還有同為留學生的日本人，在這裡只能靠自己了。想着一定要跟上香港人的說話內容。聽不懂的時候，雖然被對方臉上浮現的不理解的、皺着眉頭的表情所打擊，但同時內心真的很想感謝對方的誠實。」素行說，當對方皺着眉頭擺出聽不懂的表情，比當面擺出友善的表情假裝理解了你的談話、但之後因為誤解而產生問題的做法，更讓素行覺得安心。日本人有自己獨有的面具，在那面具下面，究竟在思考甚麼呢？很多時候真得無法理解。與之相比，香港人的表情沒有偽飾，隨情感起伏而真實地流露，那些面孔，有特別不友善的，有完全不想搭理你的，有一開始皺眉不快的，但都是不會撒謊的表情，是有信用的香港人的真實面孔。

日語是由日本人鑽研的語言，因此操這種語言的日本人個個都是專業人士，以此為理由，日本人在說日語時，感覺到有一種作為日本人的重大責任感。例如，在日本做樂隊的時候，碰到過因為在說話方式上是部分還是徹底表達，導致被以相反的意思而對待的事情。其實完全沒有個人攻擊的企圖，所以如何做才能將自己的本意傳遞給對方，真是需要斟酌良久。即便現在，回到日本時，有時候也需要扮成香港人，因為作為日本人以日文溝通時，經常一着急，疏忽了作為日本人不小心不行

的細節。在日本時面對過量資訊，有時候不想全部都做出反應的素行會下意識地假裝自己不是日本人。「取名素行，果然不太像日本人，也挺好的啊。」素行帶着點孩子般惡作劇的表情笑笑地說。

說廣東話的時候又怎樣呢？自開始懂得說廣東話，他已完全不當自己是外國人了。語言上不再覺得受限，就可以享受以非母語者的身份運用這種語言的輕快感。素行說語言果然是文化的，像香港人一樣說廣東話的時候，作為日本人難以說出口的東西，就直接地說出來，真是有點兒融入了文化中吶。

「現在已經感覺不到香港人把我當成外國人的那種時刻。可能是因為在香港吧。只要其中一方開放地溝通的話，對方也會開放地應對。對於生活在日本的外國人來說，日本仍是一個讓人覺得自己作為外國人而格格不入的地方。外國人敞開心扉，開放地接觸日本的時候，反過來不知道該如何回應對方的日本人大約不下少數吧。」

「語言越是被廣泛地使用，其精準性越可能被攤薄吧。」

素行先生的提問在我心中引起共鳴，從今往後，我想日本人不是應該逐漸習慣與自己的發音有點兒不同、與標準文法不完全吻合的日文說話方式嗎？有一天，真希望和素行先生就着這個話題，好好地談一談。

電影拍攝現場

我為甚麼來香港

　　來到香港的頭 10 年間，試着接受各種挑戰，仍是寂寂無名。正想着要放棄了，收到無線電視台的工作邀約。趁着開心和安心的情緒尚未冷卻，素行決定這一次背水一戰。「好吧！用餘下的兩三年再做一次努力，做自己喜歡的事情，不去計較收入，做甚麼都行！」當時在胸中立下誓言。因為沒甚麼工作，多出了時間，有機會好好回頭思考，可是突然之間發現自己原來一片茫然。

　　「過去的自己，真得有認真考慮過嗎？香港的事情，周圍的人們的事情。」

　　20 歲時，他滿腦子裝着「想要賣座」「想要出頭」的念頭，只顧着向前衝，將不賣座的原因歸咎於經紀公司沒有盡力推，或是環境沒給自己帶來好處。但事情並非如此，香港一直接納着我，而我考慮的只是自己。到底自己喜歡的事情是甚麼？自己的興趣在哪裡？甚麼東西能帶給人們喜悅？素行再一次慎重地檢視自己的想法，很想回饋香港的恩情的念頭在他心中強烈地生長出來。這時，一位做 youtuber 的朋友的一句話打動了他：「拍一些短片放在社交媒體上傳播，怎麼樣？之前沒有能說廣東話的日本人，你試試看吧。」

《我は何しに香港へ？》（我為甚麼來香港）就這樣誕生了。

「2016 年 3 月，節目第一集在網路播放，播放後周圍人的反應很好，素行自己對能拍出這樣的節目也感到非常開心。看過第一集的話，會明白在節目中登場的都是有人情味、喜歡關心人的溫暖的香港人。現在回想，在第一集中能偶遇那位大嬸可說是奇跡。在日本的話，那樣與陌生人搭訕的事情是很少發生的。「通過攝影機接觸普通香港人，沒有甚麼比這更讓我滿足了。節目中很多香港的街道一角，如果沒有攝影機，可能就被錯過了，通過這種方式，我與香港產生了新的關聯，我想將那種新接觸傳遞出來。」話題方面的話，甚麼都可以，這一集是想介紹給觀眾的朋友，下一集可能是興之所至突然想去的地方；特別家常的食肆，或者是炸藕餅特別好吃的攤檔，以攝影機記錄下來這些香港日常，事前並不確定主題，現場用自然體，節目中最重要的就是儘量不做修飾，以本真示人。」

素行說在拍攝時儘量不去考慮到攝影機的存在，可是這樣說的時候其實就意識到了啊，所以要做到真的很難。但無論如何，儘量不要忘記只記錄讓自己樂在其中的事情的原則。

特別留下印象的是第八集〈本地人也絕少落單的香港飲品清單〉，素行在裡面將滾水蛋等飲品逐樣嘗了個夠。那真是富有開創性的一集，之後素行以日本人雞蛋模特兒等主題接受了

不少雜誌和電視的採訪，為他的視頻節目帶來轉折點。第十一集為鈴木亮平主演的電影做宣傳，素行化身為電影中的變態假面人物。其他印象深刻的集數也不少，但果然還是因為有了第一集，才能繼續下去。素行希望通過《我は何しに香港へ？》讓大家感受到香港人濃濃的人情味，也傳遞出他想回饋香港於自己的恩情的純真願望。

今年最開心的是成為電台的嘉賓主持人。說起來這個新工作，語氣中聽得出來他的開心，但臉上沒有因為成功而喜形於色的表情。節目以廣東話進行，是注意力必須高度集中才可一口氣完成的項目。香港的主持人頭腦機敏，轉速飛快，要接得上拍檔的談話，每次都拚盡全力。這是一檔取名為《咪芝巨星》的美食節目，搭檔是阮小儀小姐，「巨星」指素行本人。節目中的素行穿着印有作為自己商標的「國際巨星」字樣的 T 恤，與拍檔一起走訪不同地方，還要即場表演，非常刺激。

日本導演製作的粵語電影

節目的錄製現場追求的就是瞬間的爆發力。素行沒有這方面的經驗，但在拍攝現場經常遇見意料之外的事情。

有次在深圳拍電影，他想像着台詞已完美背熟，在鏡頭前

身體將配合着對白盡情演繹，然而抱着萬事俱備的心態去到現場，卻是另一種情景：今天拍的究竟是哪一個場景？

他完全摸不着頭腦，向導演查詢時，導演說：「現在拍的是這一場。」他感覺愕然，可是在現場卻說不出「為甚麼不早說」之類的話來，除了一邊流着冷汗，一邊只能以「OK」回答。也因為完全沒有準備，無法按照自己內心想像的情況進行演繹，只能夠帶着無法驅散的遺憾感完成演出。

轉換場景、臨時更改台詞等如家常便飯，無法靈活應對臨時狀況的藝人，可能之後便沒有劇組邀請。「明明是專程上來拍戲的，再如何也應該說一聲吧」之類的話也無法說出口，只能一邊焦慮着，一邊拚盡全力跟上拍攝節奏，正因為如此，才有揮之不去的緊張感。

即將在日本上映的電影《二人小町》，素行首次擔任男主角。影片根據芥川龍之介的短篇改編而成，拍攝全部在香港完成，全劇的對白也以廣東話進行，被稱為第一部由日本的製作公司拍攝、在日本發行的海外電影，所以日本的觀眾要靠字幕才可觀影。

「我在片中飾演死神，是三個主角中的一個。」素行之前試過不少電影的選角，多數落選，「導演說，我的形象與這個角色再契合不過。聽到這一句，特別開心。」

「通過這部電影，我鍾愛的香港，還有廣東話獨特的音韻美感，一定要讓更多人體會到。」素行這麼跟我說。

主持 Youtube 頻道、電台節目、電影演出，素行先生活躍的舞台越來越多元。無論在哪個現場，即時的爆發力都不可或缺。那其中甚麼時候感到最緊張呢？素行說無論哪一個角色，去到怎樣的現場，都會緊張吶。感到緊張的原因是甚麼呢？「嗯，自己也不是很清楚。」這時素行表現出一絲苦惱。

沉默了大約一分鐘，他這樣說：「可能是因為之前根本沒有甚麼工作……每次的工作都是一次性的，這次做完了下次又是全新的。因此，在完全沒有工作找上門的時候，一旦有了機會，心裡就有種『誒！不會吧？這個工作真的給我做嗎』的感覺。」腦海裡一直有着種「要是這次搞砸了，下次就再沒有工作找上門」的想法。

沒有工作的時候，有一種與社會完全脫節的感覺，有種與社會失聯的苦悶與失去方向感，不被需要的不安與焦慮。迄今感受到的挫折和艱辛，正是素行今日背負的責任感的根基所在。

每一次的試鏡都會有不少人競爭，最終只有一位幸運兒，這是素行每次去試鏡時都要面對的事實。當竭盡所能終於拿到演出的入場券，卻疑神疑鬼起來：「莫非是其他人的日程無法配合，劇組才將這個機會給了我？」

正因為這種時時浮現的莫名不安，想給觀眾留下 120% 深刻印象的念頭便特別強烈，於是也就特別緊張。

「從試鏡後進入決選的三人中，最終挑選了我。那並不是我比其他兩位的演技好，只是我表現出更想參演的欲望。要是讓人最終說出『這次選擇和泉素行真是太好了』，那就心滿意足了。」

其實有一些緊張感未嘗不是好事。對於我這樣的觀點，素行有更深的體會：「怎麼說呢，如果能更加自如地應對，會感覺良好吧。但我仍是很生硬。」說出這番話的素行，讓我體會到他看似輕鬆的表演背後，原來有着非常細緻的考慮與計算。

對於表演非常敏銳的素行，這樣描述心目中的理想：「被託付的工作，要用心理解，用心表現出來。作為自己的自己，和在人前被注視的自己，是不同的存在。所以要完整地理解自己想要表達的內容，並逐步提升自己的個性與涵養，讓自己的內心變得更加寬廣。希望在數年後，可以清晰地說出自己實現了心目中的理想形象。」

正是這樣莊重地對待自己的理想，素行先生才感覺緊張吧。今天也是同樣，無論甚麼樣的現場，他那種為了追求理想的自己而表現出的張力，一點也沒有不同啊。

和泉素行在曾根剛執導的《二人小町》裡擔綱主演，飾演死神。

素行在節目中嘗試滾水蛋等本地香港人也少點的飲品，從而備受觀眾歡迎。

建立獨特的個人形象

「來香港的時候，我給自己設定了十年的時間。能堅持十年的話，不僅有獨特的優勢，更可以建立起穩定的人際網絡。十年不會甚麼都沒有發生的。從這個時間跨度的角度去思考，即使有不喜歡的事情，即使在試鏡時會不斷落選，也可以坦然對自己說：沒關係，你有十年的時間。學中文或是廣東話時也是這樣，先甚麼也不管，想着拿出十年的時間持續地學下去。每天以拚命的強度去學習是辛苦的，那就不如以輕鬆的心態堅持下去。」

當情緒低落，當跌到低谷，就讓自己沉下去吧，反正到了絕境，之後就是轉機了。和泉素行說，這種時候，就當是給自己一個躲懶的藉口吧。

但能夠讓你堅持下去的秘訣是甚麼？面對我的問題，素行說：「大概是我的韌性比較強吧。決定了要做的事情 —— 這和喜歡或討厭沒有關係 —— 便能懷着一股韌勁做下去。」

也許是這樣，有時他會突然冒出一個問題：「我是因為喜歡，所以才學習中文和廣東話的嗎？」回顧當年選擇中文的理由，「與其說是喜歡，不如說是經過計算而作出的決定吧！學了中文，不至於會沒飯吃。」

最終他選擇來香港發展事業，廣東話是必須的技能，所以想儘快掌握。「其實沒有深入地思考甚麼，決定了就去做。」只是在一直堅持的過程中，也有因為太難而放棄的時候，甚至有過兩次因為不想繼續而停頓了幾個月，好在最後自己給自己鼓氣，終於能夠堅持下去。

素行的口氣這時聽上去頗有歉意。他說對於創作型的工作，因為厭倦而放棄的事情絕對沒有發生過，反倒會懷着期待的心情，廢寢忘食地全身投入。但語言學習完全不同於創作，所以有時候會陷入兩難，心裡悶悶不樂。但為了要表達，語言是絕對必要的，所以他也絕對不會放棄。

自己擅長的事情也會考慮放棄？素行解釋說，無論如何喜愛，都會有想放棄的時候。人們對自己最擅長的事情，也會有從心底喜歡不起來的時候，哪怕其他人看起來是非常的出色，但也許並不是自己真正想要做的事情。

最近素行腦海中浮現了一個問號：「自己想要做的，其實會不會自己並沒有看到？別人拜託自己去做的，舉例說，有時候我會收到一些翻譯的工作。到了這個年紀，要是將自己的時間花費在翻譯的工作上，會如何呢？與之相比，我更樂意接受創意型的工作。最近經常思考的是，越是做自己喜歡的，只有自己才能做的事情，就越能在這個世界上創造屬於自己的形

象。甚麼都做也許可以幫助其他人，但那可能不是讓自己真的能發出光芒的事情。」

關於工作，也會有總是提不起勁的時候，也會有「以自己的個性，不是能將它變成超有趣的事情嗎」的躍躍欲試的時候。真心想做的事情，聽一句已經馬上明白了，所以如果收到找不到興奮點的工作，真得很煩惱。究竟是要挑戰一下？還是一開始就拒絕？對於提不起勁的工作，素行一開始的直覺判斷通常都是準確的。但有機會參加自己並不是一開始就有興趣的事情，也能收穫預料之外的相識和交流。如果正好能遇上自己一直想結識的人，更可能牽出下一次的合作機會。素行說自己總是很想持續磨煉這種感覺。

「要朝着更明確的方向繼續錘煉自己，似是而非的形象，容易被人誤解，也說明你的獨特性仍不足夠。」

作為一流的人氣藝人，素行在忙碌的日程中，經常收到各種劇本，其中也有為他量身定做的劇本。他會從哪些是自己想要做的工作的角度做出選擇 —— 好的編劇能夠根據自己的理解，寫出能展現藝人嶄新魅力的劇本，而藝人越有獨特性，則其他人會更傾向發掘出藝人未曾被留意到的，並據此做出提案。

雖然最近才開始思考這樣的問題，但全心全意、誠實地追求自我的渴望，可能是素行先生迄今為止的人生經驗累積到此

時此刻的必然結果。今後，無論作為綜藝藝人抑或是演員，日日精進的和泉素行始終會在我關注的視線裡。

今後的夢想

　　談到夢想，到目前為止都非常放鬆與我交流的素行先生，語氣變得異常嚴謹，簡直容不得任何疏漏。

　　「我想逐步擔任覺得有趣的節目的製作人，同時，繼續思考我之為我應該做的事情，想做的事情，這聽上去像是一種精神修行，人生就是一種磨練啊。」

　　幼年時自己想做甚麼呢？最近常常想起這個話題，浮現出來的是各式各樣自己小時候的樣子。無論哪一個版本，總之都是一個喜歡思考、喜歡自己動手做東西的小孩子。

　　現在做的事情，其實可能都很接近小時候的樣子吧。自己動手做出些甚麼來，展示給人看，讓觀看的人感到開心，自己也就開心起來了。這果然就是我的風格啊。

　　素行先生透露說正在醞釀一檔電視相親節目，節目旨在促成香港男性與日本女性的相識，當然反過來香港女性與日本男星的組合也是目標之一。例如，聽說福岡的未婚女性人數比較多，那就邀請福岡的女孩子參與節目，介紹給能說簡單日語、

想要結識日本女性的香港男士，以這種形式的相親節目不是很有趣嗎？香港人與日本人大混雜。這種心態與大學時代為漫才想笑點時如出一轍：「要是有這樣一檔節目，肯定能給大家帶來歡笑吧。說到這些的素行先生若有所思、嘴角微微翻出一絲笑容、沉浸思考這個有趣節目中的樣子，給我留下鮮明的印象。

「家裡面有外國人的親戚吶」，這對於未來需要逐步接受多元性的日本來說，大約是最好的機會了。所以，希望務必抓住這個機會。沒錯，可以稱之為從親戚開始的國際化。等這個節目準備就緒時，我一定要介紹參加者來上節目。帶着這樣的約定，我與素行先生道別。

訪談後記

一邊看《我は何しに香港へ？》，一邊咯咯咯地笑出聲來，心中暖暖的。受新型冠狀病毒感染蔓延的影響，自我禁足外出的期間，素行先生持續頻繁地提供視頻節目，有多少人被他的這些娛樂節目解救了。

「自己動手做出些什麼來，展示給人看，讓觀看的人感到開心，自己也就開心起來了。這果然就是我的風格啊。」

一邊觀看他製作的視頻，一邊回想着採訪那一天他說這些時的樣子。

採訪那天，出版社的職員們，無論是香港人還是內地人，都對他的廣東話和普通話讚不絕口。素行先生仍是一貫的謙遜，反過來拿出自己的智能電話，教一位上海出身、對廣東話沒有自信的出版社員工說：「有這樣一款 APP，用這個的話，從普通話很容易轉換到廣東話了」。這個人不將自己看得很大，一點兒沒有虛飾和誇大，肯定這些正是他的才華所在，正是他讓人感到親切，受到大家喜愛的理由。

「託父母的福，我的耳朵長得好。音樂也好，漫才也好，語言能力也好，耳朵都是很重要的。」

不過，我們明白，這些不僅僅是耳朵的功勞，是他每日的磨煉與努力，不停歇地對自我的挑戰，再加上純真的內心，才成就了這樣的一切。

インタビューを終えて

「我は何しに香港へ？」を観ると、クスッと笑えたり、ジーンとしたり。新型コロナウィルス感染拡大の影響で、私達が外出自粛している間も、彼は頻繁に動画を提供し続けていた。そんな彼のエンターテイメントに、どれだけ多くの人が救われたことだろう。

「何かを作って、人に観てもらう。観た人も楽しいし、自分も嬉しい。やっぱり、僕にはそれなのかな。」

彼の動画を観ながら、そう語ったインタビューの日の彼を思い出していた。

インタビューが行われた日、編集スタッフの中国人や香港人が、いくら、彼の中国語や広東語を絶賛しても、素行さんは謙遜し続けた。逆に、広東語に自信が持てないと言う上海出身のスタッフには、「こんなアプリが有って、これを使えば中国語から広東語への変換が簡単なんですよ」と、自らのスマートフォンを取り出して教えている。この人には、自分を大きく見せたり、威張ったりする素振りが全くない。きっとそれこそが、彼のタレント。親しまれ、愛される理由。

「両親のお陰で、耳が良く生まれてきたのかな。音楽も漫才も言語も。耳が大事ですものね。」

私達は、知っている。それが、耳だけではなく、彼の日々の弛まぬ努力と、飽くなき自分らしさへの挑戦と、純真な心の上に成り立っているということを。

第三章

記者、作家：甲斐美也子

受 訪 者：甲斐美也子

職　　業：記者、作家

訪問日期：2020 年 2 月 20 日

簡歷：

　　　　　　　東京都人；

　　　　　　　曾經以編輯身份活躍於《日經 *WOMAN*》；

　　　　　　　與英國籍丈夫結婚移居歐洲七年後返日；

　　　　　　　回到日本之後擔任女性生活情報雜誌《日經

　　　　　　　Intellect》編輯。

2006 年起　　移居香港，迄今生活超過 13 年；

　　　　　　　作為記者為多類別的媒體供稿，包括從 *Figaro*

　　　　　　　Japan, Hanako, anan 等女性雜誌到 *Drink*

　　　　　　　Planet, Hitosara 等美食雜誌與業界報紙等；

　　　　　　　同時擔任多個關於香港的採訪項目統籌。

　　　　　　　介紹香港有關資訊的個人博客「香港、有時澳

　　　　　　　門」(hk-tokidoki.com) 廣受好評。

2019 年 4 月　出版《週末香港大人手帖》一書；

　　　　　　　三子之母。

活躍在美食記者領域的甲斐小姐,她的著作《週末香港大人手帖》是我在香港行街時的愛書之一。

　　一直很期待和她見面,但因為新型冠狀病毒的疫情問題(2020 年 2 月),我們的初次見面變成了視象訪問。甲斐小姐在香港的家中,穿着春裝,長髮不時被吹進起居室的風吹起;而我身處寒冷的東京,仍穿着厚重的冬裝。

　　甲斐小姐首先打開話題:「原來我們是同一所中學和大學畢業的!」要訪問這麼有經驗的記者,我當然很緊張,但母校青山學院的話題一下子讓氣氛緩和了下來,我緊張僵硬的表情也放鬆了。甲斐小姐在訪問中一直留意着我的情緒,確保訪談取得需要的內容,這種體貼他人,同時充滿想像力的性格,讓我深深着迷。懷着「我想寫一篇很棒的真人故事!」的強烈想法,我開始了對甲斐小姐的訪問。

想要做自己喜歡的事情

甲斐小姐首先談及的是大學畢業後找工作的經驗。第一份工作，她意外地進入了電腦產業裡赫赫有名的日本 IBM。在訪問之前，我在不同的媒體上搜尋過甲斐小姐的個人資料，但都沒有找到。跟我想像中一樣，甲斐小姐原本有着文科背景——文學少女選擇了青山大學英文系，然後以交換生身份到美國留學。那時她第一次接觸到語言學，發現即使無法完全了解英文微妙的含意，語言學也能讓自己藉由邏輯推理出正確的答案，就這樣她跨越了英文的障礙，藉着語言學會到了很好的成績。

也是在那個時候，甲斐小姐開始對電腦產生類似的興趣，於是擱置了留在海外工作的想法，加入 IBM 工作——IBM 推崇男女平等，即使是年輕女性也可以獲得出國工作的機會，即使那時也有幾個雜誌社提供了機會，她仍然選擇了 IBM。

一年後甲斐小姐如願得到了外派紐約的機會。外派開頭的那兩年雖然辛苦，卻讓她建立了在國外工作的信心，也遇見了將來的丈夫。經驗是非常充實的，只是內心一直有種揮之不去的空虛感。

「自己並不是從心底喜歡電腦，即使非常投入地完成大規模的銀行軟件項目，心裡常常是一種『就是這樣啊』的感覺，

並沒有特別興奮。無論從事甚麼樣的工作，過程都一樣：大家為了完成某個目標而一起努力。所以對我來說，重要的是自己有沒有非常喜歡最後的結果。」

於是她腦海中浮現出那個曾經非常喜歡雜誌和書的自己。「回想起來，從小我就是個書蟲，中學時狂迷流行時尚，幾乎可以把雜誌的內容背起來。那些專業製作的頁面、美麗的照片和旁邊恰到好處的文字，都非常吸引我。我特別喜歡領先潮流的 *anan*，常常把喜歡版面剪下來，放進透明夾中隨身攜帶。」

於是甲斐小姐開始有了換工作的想法。「我本來就喜歡雜誌和書本，只要見到書心情就會很好。想要珍惜這份發自內心的快樂 —— 這是比較正面的換工作的原因。另一個理由是：嫉妒。」

「很羨慕寫書的人，如果是我一定寫不出來。」她想，然後因為羨慕寫書的人，在書店看見雜誌和書便會變得很難受。「不喜歡這樣負面的情緒，於是我決定上編輯課程 —— 不管這個方向適不適合自己，都想一窺究竟。」

甲斐小姐傍晚下班後便去上學，把用 Word 檔打印出來的文章剪貼成版面緊張地給老師看 —— 老師曾經是某著名雜誌的總編輯 —— 得到了「想法很有趣，排版也好，可以入行」的評語，「她的評語給了我一點信心，但那時我已經 28 歲了，要

怎樣才能進入雜誌編輯的窄門？」

　　沒有經驗的新人，一般的渠道較難入行，老師建議她直接寫信給大型雜誌社的總編輯。「我按照老師的建議，滿懷熱情地寫信給三家雜誌社，得到其中一家的回覆，並以臨時合約的方式受聘為編輯。」回覆甲斐小姐的，是學研的《ルクール》（ Le Coeur ）時尚雜誌，她在那裡學到了包括排版、視覺在內的所有雜誌編輯知識。

　　在 IBM 工作了五年，「我在社內的風評不錯，也受到上司的賞識，辭職的時候公司希望我能打消念頭，連後來學研的人也非常驚訝，我不是正式社員，薪水也只有 IBM 的三分之一，為甚麼要放棄這麼好的工作？但是我堅持自己的決定。加入學研後，每天沒日沒夜的工作，心情的起伏也很大；有時候要承受全盤不行、要重頭做起的壓力，有時候也因為覺得自己沒有用而感到沮喪。一年後工作慢慢一點一滴上手的時候，《ルクール》卻停刊了。經由招聘廣告進入《日經 WOMAN》，並且在那裡培養出了寫文章的能力。」

　　在雜誌界的工作歷程雖然曲折起伏，甲斐小姐卻很慶幸當初「不管怎樣做了再說」的決定。「現在回想起來，我其實並不善於推銷自己，只是努力地抓住了機會而已。因為想要做自己喜歡的事情的念頭非常強烈，於是毫不遲疑地往前衝。」

我是一個工作狂

「在《ルクール》時我想進時尚組的編輯部，卻被分派到藝文組；在《日經》時則要負責寫正式的新聞。這些經驗，沒想到現在都成了我在香港工作內容的一部分。雜誌編輯大致上分為統籌和編輯別人內容與自己親自撰寫兩種類型。原本日經的社風是編輯者也要負責寫內容，雖然這樣會增加工作量，我卻比較喜歡這樣的工作型態。如果只是編輯別人的文字的話不是很沒有滿足感嗎？用自己寫的內容來編輯，最後自己做總結，這樣的感覺比較好。如果不是自己寫的內容，總覺得沒有真實感，無法進入文中的情緒。所以就算要寫幾十頁，我都自己寫。因為是自己真心想做的事，雖然辛苦卻覺得很幸福。在日經的時候，文章出版前要經過很多人的評論，我寫文章的能力也就這樣慢慢地被磨練出來了。」

作為一個作家最棒的經驗，就是跟這一行頂尖的專家見面，聆聽他們敘述自己心目中的人生價值。跟甲斐小姐交流正是這樣的經驗，不但聽她娓娓道來自己的故事，在寫作上我也獲得很多寶貴的建議。這是一種平時不管多想擁有卻不見得有機會獲取的經驗，所以我熱切地希望能夠藉由我的文章來分享甲斐小姐的故事。

如果可以自由選擇訪問的對象，應該會選擇自己最崇拜的明星或作家吧。但甲斐小姐在這一點上卻很謙虛；她認為最喜歡的人，因為太過在意緊張，反而不要見面比較好，如果喜歡的作品的作者本人跟想像中不同的話，對作品的印象也會變差，非常的可惜。反而是訪問第二喜歡的作者時，因為不那麼緊張，反而能自在的對話。訪問演員也是如此，跟最崇拜的偶像見面時，因為緊張總是會出錯，沒辦法好好的訪問。

「有時很懷念在日本的雜誌工作的時候，雖然有預算的限制，每一頁都花了很多心血，集合攝影師、造型師各種專業的力量創造出事半功倍的效果。我自己也從寫文章到編輯都有參與，跟專業的團隊一起工作非常的快樂，最後看到成品，想到『這真的是我們創造出來的！』心中就充滿了幸福感。」

為了達到這樣的幸福感，甲斐小姐在雜誌社的工作，每天就像上戰場一樣，忙到上癮一般。那時候一個月中總有差不多一星期要通宵工作，但年輕、精力充沛的她只是專注在創造出好的作品，工作上的成就感讓她忘記了體力上的辛苦。

甲斐小姐是公認的工作狂，後來卻選擇了結婚並離開職場。

她與丈夫在歐洲認識，談了兩年的遙距戀情 —— 當時甲斐小姐好不容易成為編輯，並且樂在其中，並不太願意放棄這份工作，轉機卻突然來到。

為了陪因為工作要留在香港一段時間的男朋友，甲斐小姐到香港過了個悠閒的新年假期。像這樣能夠廿四小時在一起，對於遙距戀愛的情侶們來說是非常難得的，就在那個時刻，她腦中浮現了「差不多該結婚了吧」的念頭。在從香港回日本的飛機上，甲斐小姐決定辭掉工作。

　　如今回看，當初做這個決定可能是因為工作忙碌、身心疲累的緣故，也是到了一個該進入下一個階段的時候。於是甲斐小姐跟隨調職的丈夫移居挪威。

　　挪威的那幾個月可能是她一生中唯一一段閒散的時光，然後從挪威到蘇黎世，再到倫敦，輾轉在歐洲住了七年，生了三個小朋友，留下的回憶就只是懷孕或是照顧新生兒的狀態。

　　但挪威還是給她留下不錯的體驗。「挪威人成熟而充滿好奇心，只是那裡地廣人稀，常讓人感到寂寞；蘇黎世當地人對觀光客很友善，但對移居的外來者則排他文化相當明顯；相較之下，倫敦是比較容易融入的地方。」

　　「小學四年級時，在哥哥的影響下迷上了披頭四。我喜歡搖滾樂，對於黑色幽默也能接受。從 Agatha Christy 的推理小說，到 Emily Bronte 的 *Wuthering Heights*，還有莎士比亞的名作等等，大學英文系要讀的文學作品，我在中學時就全部看完了。對於居住過的各個地方都有回憶，但歐洲的回憶總體來說

《週末香港大人手帖》從博客到電子書，再到出版實體書，記錄了甲斐小姐
在香港生活的點滴，與所見所聞。

是有些苦澀的。」

甲斐小姐說自己如果沒有工作是無法生存的。然而在歐洲生活的她，不是在懷孕就是在照顧嬰兒，現實上來說，找工作是很困難的。

「不管在 IBM 或是在雜誌社工作，我身邊圍繞着的都是跟自己一樣，精力充沛的工作狂。一直以來生活上接觸的都是跟自己很像的人。突然之間來到了歐洲，認識的大都是媽媽們。跟自己很不一樣的人相處，常常讓我感到失落。」

我對甲斐小姐的說法深有同感。我也是辭去了電視台的記者職位之後，移居到歐洲接受當地的文化洗禮，生活方式有了非常大的轉變。剛開始的時候，掙扎着適應當地的環境，但常常有力不從心的感覺。那時英文和法文能力都不好，只能以小孩子的理解程度來跟人交流。不論是艱深的話題還是笑話，都常常懷念能用母語理解溝通的暢快，也很想念跟同樣文化背景的家人朋友的交流。總而言之，就是很想家。所以我對甲斐小姐的苦惱經驗感同身受。但人生就是不停向前的，就算在新的環境中也要找出自己的生存之道。

是媽媽，也是編輯

　　對甲斐小姐的家庭來說，語言是比甚麼都重要的。不能用自己的母語跟自己的孩子溝通，自己知道的東西，卻無法傳達給孩子，真的是非常痛苦的感受。

　　長女小時候日語很流利，但進了歐洲當地的幼兒園後，有一天，甲斐小姐發現女兒對自己說的話充耳不聞，她責備了女兒，這時丈夫說出了她從來沒想到的情況：「女兒不是不聽你的話，而是她完全聽不懂你用日語在說甚麼！」

　　「孩子們的英語越來越好，看到他們有時不能用日語表達自己，有時跟朋友的媽媽們開心的用英語唱歌，而我雖然有很多事想跟他們分享，卻無法用日語傳達出來，這個時候心裡真的很難過。」

　　丈夫的話讓甲斐小姐猛然一驚。原來女兒在幼兒園的時間越來越長，英語越來越好，日語卻慢慢退步了。甲斐小姐開始反省自己，是不是太過忽略女兒的日語了？心理覺得很懊悔。於是她每週兩次送女兒去日語幼兒園 —— 那是位於要開兩個小時車的倫敦市中心。這樣努力了一年之後，女兒的日語能力終於慢慢地恢復了。可是之後三歲的長男也完全不肯說日語，於是甲斐小姐和丈夫商量，決定搬回日本定居一陣子。回到

日本居住之後，長男的日語就好像電燈開關一樣，一下子變得很流利，大家這才發現，長男是屬於語言在腦中積累到一定程度、完全理解之後才能說出口的類型。次男的情況則是完全相反，從一歲半開始去上日本的保育園，英語完全不會說，結果變成先生和次男無法溝通。每個孩子學語言的方式都不同，這一點甲斐小姐真是親身體驗到了。

雖然身處海外，甲斐小姐為家人安排的生活比在日本的時候還要日本，每天早上她都會煮味噌湯給孩子們喝。她認為在日本的話，就算在家沒有常常喝味噌湯，外食的時候總是有機會喝到。但是在海外的時候，如果不自己煮的話就一定沒得喝。不過媽媽每天煮的結果是女兒喝膩了味噌湯，兩個兒子卻變得超級愛喝。甲斐小姐對新年料理也有類似的想法，如果自己不做的話孩子們的成長過程中就沒有日本新年料理的記憶了。因此新年料理也要自己親手做。在某種程度上，是希望孩子們的心中有著日本的記憶，如果孩子們在日本成長的話，不需要有這樣的意識也會自然地變成日本人吧！反而在日本的小孩子們可能有更多機會品嘗到各國不同的料理。

其實我也有跟甲斐小姐在海外居住時類似的經驗。我因為希望孩子們喜歡日本，每天都近乎固執地讓他們看日本的動畫，讀日語的書給他們聽。

　　為了讓孩子們學會日語而搬回日本的兩年間，甲斐小姐也沒有停止工作。當然不可能一回到日本就找到工作，而且 37 歲再轉換工作也是不容易的事。不過在偶然中她和日經時期的舊同事連絡上，得到了再一次回到雜誌界的機會。

　　沒想到這次雜誌社迎接甲斐小姐的，是完全數位化的編輯部。甲斐小姐已經有好長一段時間沒有以社員的身分在公司工作了，很擔心自己是不是已經退化得跟不上時代的腳步了。其中最讓人難受的是，有時候自己很有自信的文章卻被前輩嗤之以鼻。當然，在英國的時候，也不是沒有人批評甲斐小姐的文章，但是多數的人都是很認可的。回到了日本才終於發現自己的文字變得太自我，於是調整心態，設法適應新工作並學會樂在其中。

　　另外一方面，這是在育兒生活上手忙腳亂的一個時期，當時的生活正是所謂「一個人全部搞定」。當時分別是 1 歲、3 歲和 5 歲的孩子們，每天接送的自行車前、後座各坐着一個，騎車的兩隻手臂還掛着大堆的日用品，更別說公立的保育園每週一一定要更換午睡用棉被和被單的各種事情。就算已經申請延長，接送孩子們的時間也必須控制在七點以前，接孩子們回到家之後，連喘口氣的時間也沒有，馬上開始準備晚餐。剛開始時覺得無論如何晚飯都應該親手做，之後卻改變了想法，覺

因為工作需要，甲斐小姐常常需要到處進行採訪。

得能夠跟孩子們聊天才是最重要的事。於是有時也會外食或是叫外賣。孩子們最喜歡去家庭餐廳。

雖然當時三個孩子都還很小，甲斐小姐已經很認真地教他們：「如果在餐廳不乖的話會讓媽媽很困擾，以後就不能帶你們出來吃飯了。」因此三個孩子坐在小小的一張桌子上，卻能乖乖地不吵不鬧，安靜地吃飯，常常讓周圍的人覺得很不可思議。有一次，鄰座五歲的小男孩在鬧脾氣，看起來很困擾的媽媽問甲斐小姐：「為甚麼三個小孩在一起能願意乖乖地吃飯呢？」甲斐小姐的建議是：「認真確實地把你的想法跟孩子們說，並讓他們知道媽媽說到做到。」

當時丈夫忙於工作，總是不在家，甲斐小姐和三個孩子一起努力過生活的記憶到現在都很鮮明，她笑着說在日本的時候能夠兼顧工作和育兒，都是因為有孩子們的合作和幫忙。

在香港從頭開始

在日本重新回到雜誌社工作的甲斐小姐，雖然忙碌卻滿足。她喜歡和很多不同的人接觸，喜歡創造美麗的事物，也喜歡和團隊一起合作。雖然寫作的工作需要一個人完成，但寫出的成品受到大家的喜愛，這是最有滿足感的事！甲斐小姐覺得

寫作是自己事業上真正的歸屬。

　　在日本生活了兩年之後，因為丈夫的工作需要，甲斐小姐舉家搬到香港。再一次辭去工作，來到香港的時候，甲斐小姐心裡很猶豫。要離開已經習慣的日本，放棄自己認為是「天職」的工作，這一切都讓人裹足不前。但是覺得無論如何一家人都應該要在一起，加上次男學英語的需要，所以舉家搬來香港。

　　搬來之前，甲斐小姐對香港一無所知，也完全沒有朋友在這裡。這讓甲斐小姐想到了在歐洲居住時苦澀的回憶：「我在香港到底能做甚麼呢？」一想到又要從頭再來，甲斐小姐真感到無計可施。剛搬到香港的時候，三個孩子要去不同的學校，光是接送一項已經讓人忙不過來。

　　現在回想起在香港生活的前五年，甲斐小姐說那個階段幾乎沒有時間寫出讓人知道她或是她的作品的文章，當時的她想着「無論如何都要有一份工作才行！」，憑藉在英國時為當地報社工作的經驗，終於找到一個為香港當地報紙和雜誌社寫稿的工作。

　　然後某一天，澳門的工作機會找上了甲斐小姐。當時澳門雖然已經非常繁榮，卻很少有介紹澳門的文章。甲斐小姐之後的兩年中，開始接澳門的工作，每一年都都會在澳門待 100天以上。在這期間，甲斐小姐也開始在《*FIGARO*》雜誌寫專

欄，每個月介紹一個澳門的最新店舖，這讓甲斐小姐寫作的風格開始改變了。以前在《日經 *WOMAN*》寫的都是正經八百的文章，在《*FIGARO*》時、甲斐小姐建立了能夠介紹時尚華麗的東西的形象。從這時候開始，也越來越多人跟甲斐小姐說、自己是看了甲斐小姐的文章被吸引過來的，甲斐小姐擔任策劃的版面也受到注目，於是越來越多網上點評的工作找上甲斐小姐，甲斐小姐的工作範圍，像這樣一點一滴的連結，擴大，之後也開始寫個人的博客。

　　甲斐小姐開始寫博客，要歸功於一位引路人。那就是高城剛先生。當時高城先生因為獨特的頭銜 Hyper Media Creator 而受到注目，經常在電視演出。他也在甲斐小姐寫關於香港的書的時候，擔任策劃的工作。高城市先生在 2014 年出版的《NEXTRAVELER 燦爛之星的旅行導覽》一書中，提出了不少見解獨特的尖銳話題。他為甲斐小姐撰寫的香港主題圖書擔任策劃，兩人在香港花費了三天時間，走遍大街小巷，與高城先生一起，讓甲斐小姐觸摸到香港真實感的一面。有好幾次帶着高城先生到了目的地，他卻說；「這裡跟我想像的有點不同。」「有沒有像這樣的感覺的地方呢？」「如果是那裡的話感覺如何呢？」為此，甲斐霞姐再陪同高城先生跳上地鐵或是的士，飛奔到心目中的地點。現在想起來，與高城先生一起探訪香港的

三天中，她從他那裡得到了寶貴的工作上的指引。

「像你這樣擁有大量知識和情報的人，應該以博客或是其他的形式跟大家分享，以年齡、體力來說也還是可以做到的事，所以不做不行。」高城先生誠懇地建議。

高城先生不管到哪裡都一定帶着自己的相機，他建議甲斐小姐也要儘量自己拍照。如果將來想要出書的話，馬上也能活用自己之前拍的相片。這是個很有說服力的理由。

而甲斐小姐自己也在認真開始寫個人的博客之後，經由博客獲得了越來越多的工作機會。有很多有趣的工作機會突然之間一起找上門來，不過工作進展的速度與之前由別人推薦而幫雜誌社寫文章的時候很不同。說起雜誌社的工作，一般從幫一間雜誌社寫一篇小文章開始，如果寫得好的話，慢慢會能得到比較大的寫稿邀約，這樣順利進行一段時間後，慢慢會吸引更好的媒體來邀稿。博客則是一公開就可能會吸引各種不同的工作機會一起找上門來，有找人代筆的，也有網上點評的工作等。寫個人博客不但拓寬了甲斐小姐的工作範圍，感覺工作上的地位也提高了，甚至她在博客上的相片都受到許多讚美。

但從個人博客到出書，中間還經過了許多波折。《週末香港大人手帖》是先以電子書的形式出版的，甲斐小姐腦中一直記得高城先生曾經說過的話：「在博客上寫了足夠的好文章之

後，可以集結起來，出版成電子書。」於是寫寫博客時就決定了未來要出版電子書。

電子書出版後獲得很好的反響，使得甲斐小姐對紙本書的出版越來越有自信。之後經過多年好友的介紹，她與在講談社擔任選書的人談了出版的事。事前考慮過各種不成功的可能性，沒想到第一次就拿到出版的機會，真的是又驚又喜。當然之後因為各種會議和人事異動，有好幾次都幾乎胎死腹中，幸運的是數度復活，最後到了2018年底才終於拿到了講談社的批准，擬定了在第二年黃金周假期之前出版。

在這本書中，甲斐小姐最想傳達給讀者的訊息是甚麼呢？一定是在各種美味食物的背景襯托下的，多采多姿的人的故事吧！就算沒有每一個人的相片都放在書裡，甲斐小姐在取材的時候，都是以人為出發點，希望能從店家或是主廚的角度，把他們動人的故事傳達給讀者。希望能在書中介紹店家的同時也能將他們對生活的熱情，對人生價值的追尋傳遞給讀者。相反的，對只是想把現在流行的東西組合起來，以賣錢為目標的店家則無法認同。雖然採訪了很多店家，卻對只是趕流行、搭便車的店家沒有興趣，雖然有些抄襲流行的店家其實並不差，事實上有一些還很受歡迎，但是甲斐小姐卻無法從心中產生欣賞與喜愛的心情。

甲斐小姐採訪不同店家，深入了解香港的各種特點。

直到現在，甲斐小姐在書店看到自己的書還會嚇一跳。「媽媽很努力呢！」聽到孩子們這麼說，才開始有了小小的真實感。書中一篇篇的文章，一張張的照片，都是甲斐小姐的心血，書中的情報雖然很多，但通過甲斐小姐柔和的筆觸，讓人讀起來如沐春風，一下子就在心中有了深刻的印象；《週末香港大人手帖》真的是甲斐小姐獨有的「興趣」與「價值」的完美結合。

香 港 體 驗 的 High & Low

甲斐小姐在家裡是四個孩子中最小的，所以天生么女性格，不知道是不是因為如此，身邊一直圍繞着很會照顧人的朋友們。她說一直受到個性溫和的香港友人的幫助，也受到他們的信念和活力的感染。她尤其欣賞香港的年輕人，他們雖然很年輕，當中卻不少人開始創業。他們快速的工作風格很有效率，不像大公司常因為走內部流程而浪費很多時間。

「我不擅長做銷售，有很多地方都要向他們學習。」在醫院的時候，年輕的看護姑娘們甲斐小姐剪頭髮，無微不至的照顧讓她也心生感激 —— 兩年前甲斐小姐生了一場大病，需進院摘除 15 公分大的腫瘤。好在手術非常成功。

醫院的這段經歷，後來甲斐小姐以「在香港有時去下公立

甲斐小姐與家人合照

醫院」為題在博客上發表，記錄了當時在生死間徘徊的經過。

然而即使堅強如她，住院期間也相當的意氣消沉 —— 因為最初預定的入院時間會讓她錯過兒子的高中畢業典禮，這讓甲斐小姐更加鬱悶了。不過，想着如果術後復原良好，也許可以出席，於是她努力進行復健，就算走路時很痛也忍耐着繼續走，就算肚子不餓也強迫自己吃東西。她拿着點滴的架子，一邊繞着病房旁邊走，一邊跟經過的醫生們打招呼，就這樣慢慢調整自己的心態和體力。

家裡距離醫院單程要一個半小時，但是孩子們還是每天來探訪。剛開始的時候，就算家人來探訪，甲斐小姐發呆的時間還是很長。之後因為院中的食物不好吃，開始請家人帶食物過來一起吃。就這樣到了第五天，甲斐小姐明顯的感受到自己的活力恢復了。「我來給孩子們添飯，菜大家一起吃吧！」甲斐小姐開始有了自動自發的動力。孩子們表情也開朗了起來：「媽媽回到以前的樣子了，很有精神呢！」家人是甲斐小姐氣力的泉源，不管甚麼時候，孩子們都是激勵甲斐小姐的動力。

在甲斐小姐眼中，沒有比香港最棒的地方了。她推薦用「High & Low」的方式來體驗香港。乍聽之下，「Low」好像很失禮，其實甲斐小姐希望通過這次詞表達出香港在地的親切感。香港是一個可以充分享受「High & Low」樂趣的地方。比

如甲斐小姐熟悉的美食體驗，致力於提供 Fine Dining 的餐廳，用上好食材創造出讓味覺驚豔的料理，注意細節追求完美的服務，這是真正的香港精神。不過在日本習慣 Fine Dining 的人，到香港體驗這裡的 Fine Dining 時也會留意到小小的不同，那就是，在這裡服務的人態度友善，但不讓人感到刻意造作，他們以輕鬆的態度來服務，讓客人更輕鬆地享受料理。這種「Not taking myself too seriously」的態度真是非常酷！

另一方面，香港有很多充滿下町庶民風味的有趣地區，比如努力傳承傳統料理的老店，就算服務不算完美，態度卻非常親切。真正的香港是豪華美麗和混亂吵雜共存的地方，如果只有體驗香港的 High 或是 Low 的一面，是無法理解香港全貌的。在充滿庶民風味的地方吃完飯，再到精緻美麗的酒吧喝一杯，這樣的高與低之間的「落差感」正是香港讓人回味再三的迷人之處，甲斐小姐希望讀者能親身體驗這種空間感的差異，因為這樣的香港，越是經歷過很多不同地方的人越會覺得有趣，是一個讓人無法下定義、像過山車一樣充滿刺激和驚喜的地方。

甲斐小姐最近越來越覺得上環讓她有一種「家的感覺」。古老的街道中混雜着古董店、時髦咖啡店、傢私店等，只是在這裡隨便走走都覺得心情愉快。每次帶東京的友人來這一區，

大家異口同聲地表示如果住在香港，一定要常常來這裡逛逛。
特別是 SOHO 上方稱為 NOHO 的那個區域的西邊，如果喜歡
東京的青山等區的人，一定很快能融入這一區。如果對比東京
的話，NOHO 就是一個將青山、下北澤、吉祥寺和神田的特
色全部混和在一起的地方。只在這一個地區走走便能體驗到十
種不同的氛圍！東京的每一區，不管好壞，都有不同的特色。
香港的中環則像是將大手町、銀座、下北澤、吉祥寺、淺草全
部混合在一起的感覺，就算在一個小小的巷道內，也能體驗到
不同的風景。

　　到今年（2020 年）8 月，甲斐小姐在香港就住滿 14 年了。
她說到現在為止未曾感到厭煩，只是常常發現喜歡的老店舖結
業了，心中有點不捨，最近就算是新店家，也有不少結業了。
這個城市的樣貌慢慢地在改變。

　　最後，我問甲斐小姐今後的夢想是甚麼。

　　「今後，希望自己能夠放慢腳步。當然也想繼續寫關於香
港的文章。同時也想能成為讓人好奇的代筆者。『如果請甲斐
來寫，會寫出甚麼樣的風格呢？』希望將來找我代筆的工作，
不是因為要寫關於香港的文章才找上我，而是因為欣賞我的風
格。」我從甲斐小姐的眼神中，看到她未來的新舞台。

訪 談 後 記

在日語中，「甲斐」這個詞在字典中有以下幾個意思：一，努力的結果；二，值得期待的價值。而「やり甲斐」這個字，雖然口語上常常用，再查了字典之後我卻嚇了一跳。甲斐小姐的人就像文字的意思一樣，以不懈的努力，把握住了夢想，不辜負身邊的人對她的期望。而且也是一個不管對周圍的人或是自己來說，都是值得期待的人。

接近三小時的訪談，我發現甲斐小姐唯一一次用「討厭」這個字，是在描述她喜歡的顏色的時候。「我喜歡紫色，它比黑色更加鮮豔，紫式部（日本平安時代的女性文學家）的名字也有『紫』這個字，很有日本的感覺。反之，我很討厭像『普通』、『理所當然』、『平凡』等這些字。」

甲斐小姐說自己是缺乏決斷力、慢條斯理的人。但是卻本能地發現了自己「想要創造自己喜歡的書或雜誌」。即便居住數次改變居住地點，也沒有放棄她對這個人生目標的追求。我希望能夠看到甲斐小姐以她獨特的視野，繼續寫出只有甲斐小姐才能寫出的文章。我心中充滿了這樣的期待。

インタビューを終えて

　日本語の「甲斐」という言葉を、辞書で調べてみると、1、努力した結果 2、期待できるだけの値打ちとある。「やり甲斐」などという言葉で、よく口にはしてきたけれど、改めてその意味を調べてみて、驚いた。甲斐さんは、文字通り、圧倒的な努力で夢を掴み、周囲からの期待に応えてきた人。そして、自分にも周りの人にも、ちゃんと期待できる人。

　3時間近くに渡るインタビューで、彼女が唯一、"嫌い"という言葉を使ったのは、好きな色の話しをしていた時。「紫が好き。黒よりは華やかで、紫式部の紫でもあり、日本らしさも感じる。逆に、普通とか、当たり前とか、平凡とか無難。そういうのが嫌いなんです。」

　自分のこととなると押しが弱く、遅咲きだと語る彼女には、本能的に好きな本や雑誌を創る「生き甲斐」を見つけ、幾度に渡るロケーションチェンジにも諦めることなく、夢を追い続けてきた強さがある。甲斐美也子にしかない視点で、甲斐美也子にしか書けない記事を、これからもどんどん生み出して欲しい。そんな期待で胸がいっぱいになった。

第四章

熱情

小提琴演奏家：田中知子

受 訪 者：田中知子

職　　業：小提琴演奏家

訪問日期：2019 年 10 月 16 日、2020 年 4 月 3 日

簡歷：

名古屋出生，熊本成長。

四歲開始學習小提琴，曾於熊日學生音樂比賽中獲得最優秀賞。

於愛知縣立藝術大學音樂學部求學，之後前往美國波士頓新英格蘭音樂學院進修。

在波士頓求學期間參加提爾森·湯瑪斯（Michael Tilson Thomas）任指揮的三藩市交響樂團，擔任副首席，以獨奏身份與樂團一同演出。

其後加入香港管弦樂團。

曾參加阿斯彭音樂節（Aspen Music Festival）和日本太平洋國際教育音樂節（PMF），在 PMF 擔任樂團首席。

與 MTT Music studio 小椋學先生合作，在香港、日本、歐洲等地區和國家舉辦個人演奏會。

積極參與公益活動，在香港籌辦了東日本大震災、熊本地震、西日本豪雨的慈善音樂會。

小提琴師承於潮田益子、祖克曼（Pinchas Zukerman）、Marylou Speaker Churchill、原田幸一郎、新藤義武；室內樂師承尤金·列納（Eugene Lehner）。2014 年出版唱片《田中知子小提琴演奏 1》。

知子小姐三歲學鋼琴，四歲學小提琴，雖說不上是出生於音樂世家，但幼時與父親及八個兄弟像競逐一般爭相觸摸祖父的一把小提琴的情景，仍深深印在知子小姐腦海裡。

　　父親在小學教音樂，自幼學習鋼琴。知子小姐讀高中時，他每週均駕車送她由熊本到福岡上音樂課，來回需要三個小時。對於女兒以音樂作為終生職業，父親由衷的歡喜，每當知子小姐籌備慈善演奏會時，父母均會特別高興地與身邊的人分享。

　　1997年香港回歸，知子小姐隨丈夫來香港生活，至今23年。訪問時她接到母親從日本打來的電話：「父親離世了。」在這樣一個悲痛的時刻，訪問還能繼續嗎？我和編輯都向她提議：「今日不如就到此為止吧！」

　　「不需要停下來。這種事情是預計之內，況且我已經認真地跟父親道別，我相信父親也是這樣希望的，我們繼續吧！」知子小姐這樣說，「為着父親的緣故，請你好好地寫好這本書。」

　　我抱着要誠心誠意、用心地寫好這本書的約定，將訪問繼續下去。聽到田中世伯去世那一刻，我的手和聲音都在顫抖，但是不思議的是，彷彿被一種溫暖的感覺包圍着，使我們能夠繼續這一個訪問。

命運裡的良師

因為喜歡彈鋼琴，知子小姐不間斷地練習。然而因為手型較小，受到琴鍵跨度的限制，她後來轉學小提琴，即使如此，手型小的她仍要以較其他人多三倍的努力去練習。

大學就讀愛知縣立藝術大學音樂系，在往美國科羅拉多州參加阿斯彭音樂節時，回國前到波士頓居住的朋友家中逗留，遇見了國際知名小提琴家潮田益子。

「當你遇到被稱為偉人的人物，就算沒有對話，只站在那裡都能夠明白到（對方的魅力）。」這是師承於約瑟夫（Joseph Szigeti）等世界級小提琴演奏家的潮田老師講過的說話。

見面那天，知子小姐幸運地得以與潮田老師互相演奏小提琴。她第一次現場聽潮田老師的演奏，那是帶着一點點憂鬱的，和大地接近的聲音，給她帶來從沒有過的衝擊。

大學畢業後，23 歲的知子小姐到波士頓留學，師從潮田老師，至今她家裡仍擺放着兩人的合照。

潮田老師於 2013 年逝世，說起她，知子小姐眼泛淚光：「我很想成為像她這樣的人，她就是模範。若果沒有跟她遇上，我未必會如今天這樣不斷努力、不敢鬆懈。」

最近在日本領事館舉辦的演講會上，有幾位希望加入管弦

樂團的學生向知子小姐請教：「已經盡全力練習了，但正式表演時總是無法以練習時的水平表現出來。」音樂人在觀眾面前彈奏自然會覺得緊張，如果面對這些學生的是潮田老師，她會怎麼回答？知子小姐認為潮田小姐一定不會對學生說出「你要這樣做！你要那樣做！」的話語，即便是感到緊張，她絕不會隱藏自己緊張的模樣，而是讓觀眾看到。

　　於是知子小姐跟那些焦急地期待回答的學生說：「任何人都會緊張的，不要想『我要好好彈奏』，而是回到初心，抱着『非常喜歡音樂』的心情去表演吧！」

　　人在困難的時候一定會拚盡全力，不過也常常會忘記問自己一個問題：「我為何投身音樂？」最重要的就是不要忘記初衷；如果忘記了是因為喜歡音樂而選擇做音樂，就無法將音樂的美妙傳達給聽眾。如果為了「如何在舞台上竭盡全力做好音樂」而緊張是可以的，但是不要三心兩意的站在台上，執着「想把自己表現得好看」、「如果彈得不好怎麼辦？」這些東西。

　　對於演奏技巧已達到一定水準程度的學生，相比起彈奏的技巧，知子小姐更想提醒問學生回到初衷的重要性。

　　「出版書籍也一樣呢！如果忘記了為何要出版這本書，就算書印好了，也不能向讀者傳達訊息呐。」被知子小姐這樣反過來一問，我的內心好像被甚麼東西擊中了。是啊，只顧着眼

前的忙碌，忽略了「為甚麼要作這件事情」，無論任何時候，再一次回想初心，就可以再一次審視甚麼事是重要的。這是潮田老師透過知子小姐傳遞給我們的信息。

知子小姐很珍惜從潮田老師承傳的另一件事，就是「要好好了解自己」。管弦樂團是從數千人選拔中爭奪唯一席位的世界，越早了解自己的長處，就越能夠將自己的這魅力發揮出來。出現錯誤也沒有問題，只要讓對方留下印象，將自己的優點展示出來，比起完美無缺卻沒有趣味的表演，讓人覺得在這個交響樂團裡不能沒有這個人的演出來得更重要。不但要更進一步發揮優點，也要努力克服缺點，直到對方差不多要說「沒有你不行」的時刻。

潮田老師對任何人都一視同仁，能夠很快地發掘對方的才能。對於不甚了解自己而迷失了的學生，她總是很敏銳地見到對方的優點，再給予相應的建議。「優秀的老師能夠從任何學生身上，迅速發掘到優點，再因材施教，將學生培育成材；要是將已經表現出優點的人再帶上更高水準，應該誰都能做到吧。」潮田老師的信條一直都是這樣。知子小姐從老師身上學到的一個心得，就是首先發掘人的優點，然後聽取老師的提議，好好面對自己，好好了解自己。

「對自己沒有自信，就不能幹出一番事業。」潮田老師日常

說的話語，隨着閱歷的累積，知子小姐逐漸體會到其用意。

　　「太在意別人的意見，就無法創作自己的音樂。相信自己，把自己的信念表達出來，就是我們的工作。潮田老師把音樂交棒給我，我也要這樣傳遞給我的學生。莫扎特的音樂直到現在仍被很多人喜愛着，那就是音樂的美妙之处。」

　　「我很想將過往做過的好東西傳給下一代。」這是她從潮田老師手中接過的接力棒。

音 樂 就 是 我

　　談起音樂教育，日本與海外有很大不同。在日本，為了參加音樂比賽而練習的時候，都是以「不可以犯錯」的形式去教導，這種教學方法使學生對音樂神髓的感受大打折扣，變得只着重形式，失去了對音樂感染力的頓悟。知子小姐希望在日本能夠多一些讚賞的教育方法，以認同與肯定來發展學生的優點。

　　要說出「犯錯也沒有問題」並不是容易的事情，許多人抱着「離開框架便錯」的信念去演奏，但縱使是滴水不漏地彈出正確樂曲，聽過之後，卻完全沒有給聽眾留下印象。往後，知子小姐希望可以逐漸改變這種過度注重形式的教學方式。

　　相比之下在海外學習的人的彈奏果然更有趣一些。不過知

子小姐認為讚賞或是糾錯，兩者都很重要。無論歐洲人抑或美國人，擁有在日本演奏管弦樂團的經驗，通常在行業內享有更高的排名。換句話說，如果有在日本的管弦樂團工作的經驗，就等於說技高一籌。與之相對的，是在海外受訓的人，雖然有時候會感覺有些人彈得蠻笨拙的，但那樣的演奏也會出現很多讓人覺得「啊！這裡彈得很好呢」的瞬間。日本的演奏家呈現出圓滿的，近乎沒有瑕疵的表演，卻常常有讓人很難說出哪裡彈得好的情形。

從前是不得不向同一個方向走的年代，跳出框框被看成是不好的事；現今着重個性的年代，壓迫規範的教育變得不合時宜。認同一個人的個性，讓優點更加發揮出來的教育是必要的。

「我覺得以讚賞的方式接受教導的人擁有生存上必要的強度，他們擁有一顆不容易折斷的心；不過也需要一定的規則來平衡。不過導入規則的方式並非做不到的時候就責備，而是一同學習，向前邁進。音樂家也是人，用這樣的方式音樂才會進步。這也是對人的教育。」

知子小姐的演奏充滿激情，她以技藝高超的雙手演奏出的樂曲，將聽眾帶入音樂的敘事之中，讓人陷入與音樂的對話。聆聽着這美妙深邃的音樂，我忍不住想像此刻的知子小姐內心中在思考着甚麼。

「一首樂曲之中一定有自己最喜歡的部分，若只在這部分投入 100% 的感情去演奏，就會使得樂曲整體失去平衡。為了讓聽眾體會到這部分的魅力，我不能不以故事整體的結構為前提，安排前後如何進行演奏。就算如何興奮，都要保持一個冷靜的狀態，好像指揮者控制場面般，好好地控制自己。」

知子小姐說，觀眾的反應，當日的演奏場所，或是當時的氣氛，都有可能影響演出，所以一邊演奏的時候她會不斷提醒自己說：「冷靜！再冷靜一點！」

只有自己情緒激昂，就會破壞了氣氛；緊張、失去控制，就會傳達不到想要傳達的信息。有如在困難的時候不退後一步重新檢討自己，就會越走越錯。這種經驗是知子小姐由學生時代開始經老師提點後深刻地明白的道理。成為職業樂手、加入交響樂團，擔任獨奏演出，知子小姐越來越真實地理解這樣的道理，這是一種處於冷靜與熱情之間的學問：熱情之中如何保持冷靜。

音樂對於知子小姐是甚麼樣的一種存在。她以冷靜的語調，毫不猶豫地回答：「比甚麼都重要，音樂就等於我。」

我再問她最喜歡哪一位音樂家，她卻思前想後，看上去很難決定的樣子。

「管弦樂團的話，我喜歡莫札特（Mozart），喜歡貝多芬（Beethoven），喜歡布魯克納（Bruckner），也很喜歡巴赫（Bach）。

我還未試過在管弦樂團演奏巴赫，所以獨奏的時候會彈巴赫的樂曲。有人說，只有一人同行往宇宙去就夠了。如何好呢？找誰跟我去好呢？如果叫我從莫札特和巴赫中選一個的話，還是覺得太為難了⋯⋯」

音樂的演奏者和欣賞者都是人。「因為喜歡音樂所以喜歡人。」了解音樂，了解一個人，這總需要花點時間，一開始當然會有互相不理解的情況，但只要用彼此換位的方式去思考，就可成事。知子小姐表示自己一定不是一個很懂得說話的人，正因如此，她盡力和周圍的人討論，共同協助和努力，希望創造出優秀的東西。

「雖然我並不是很相信幸運，但每當我想到有甚麼事情想做，總會有人出現在我身邊。」這一定是一直將人放在重要位置的知子小姐才可以得到的眷顧。

知子小姐與小椋學先生共同創建 MTT Music Studio。四年前，帶着將音樂的力量傳遞給更多的人的希望，知子小姐意識到僅僅靠舉辦音樂會是不夠的，要思考如何將人們集合在一起。通過朋友介紹她見到了小椋先生。初次見面的小椋先生熱心地講述自己對鋼琴的喜愛，出於對音樂共同的熱情，兩人即刻投入到創辦 MTT Music Studio 中。之後更得到三黃集團（Fenix Group Holdings）主席荻野正明先生的全力支持，擔任贊

助方兼顧問。 2019 年開始，MTT 成功地在香港和日本舉辦了九場音樂會。2020 年鋼琴家蔡迪博士（Dr Ronnie Choi) 加入 MTT，大家對注入新動力的 MTT 今後的音樂會更有期待。

「MTT 第一次籌辦的是東日本大地震慈善音樂會，由香港管弦樂團當中選拔的團員組成精英樂隊承擔演出。那是一場成功的音樂會。聽眾、工作人員和演奏者都渴望支持受災者的意念，使大家實在地感受到成為一體。不只是演奏本身的滿足感，乃是那種把愛傳達到整個會場的合一震撼着我，令我感動不已。這次體驗之後，便決定每年至少舉辦一次慈善音樂會。」

MTT 舉辦活動的概念，就是「與眾人一同融合的演奏會」，缺少一人也不行的演奏會。在舉辦慈善音樂會的那個優雅的會堂裡，我真切地感受知子小姐的氣息與她眼含的淚水。自知子小姐手中彈奏出的如泣如訴的樂聲，彷彿是她與人們傾談的優美聲音，小提琴創造的不可思議的感覺，讓我第一次體會到「原來小提琴是如此有感染力的樂器啊！」對於素人的我，也不自覺產生發出這樣的感慨。這麼說也許有點兒拾人牙慧，但好像被音樂洗滌的心底，湧出對明天的憧憬，對自己成為更好的人的渴望，我從自己的親身體驗中，理解了這大概就是知子小姐所說的「音樂的力量」吧。

從東日本大震災慈善音樂會的聽眾口中，得知他們也希

望有機會聽到獨奏的演出，為了這個託付，知子小姐堅持獨奏演出。硬要說的話，獨奏並非知子小姐的的強項，心裡其實蠻緊張的，又懷着很想繼續下去的期待，因為當年從潮田老師口中，也從學生們口中提出的那個問題：「你為了甚麼而彈奏呢？」現在似乎找到了明確的答案：「就算只有一個人，都想將音樂的力量向多人傳遞開去。」這就是知子小姐繼續彈奏下去的理由和目的。對知子小姐來說，輕便地踏上旅途、快速敏捷地為不同地方的人以獨奏的形式演出，已經成為她不能替代的音樂人生的一部分。與一眾演奏者一同彈奏所產生的那份感動和喜樂不同，個人演奏的時候也能體會那種非凡的瞬間。輕裝上路，無憂無慮地前往不同地方，讓那些沒有機會到現場的聽眾也能聆聽到美妙音樂。而這樣的演奏也成為與眾人連接、彼此都不可或缺的相聚。

「擁有希望的話，大家朝着共同的目標投入力量，任何困難都能跨越。我想用音樂的力量達成這個目的。」

音 樂 超 越 文 化 差 異

當不同國籍、不同文化的人一起做一件事，知子小姐留意到，並沒有甚麼才是正確的。在香港管弦樂團中，擁有不同習

與不同的人一起合作，創造出其他地方沒有的聲音。知子小姐說，音樂的力量
可以跨越任何困難。圖為知子小姐與鋼琴家蔡迪（中）及小椋學（右）合照。

慣的人聚在一起，以樂手的身份為着創造一個演奏而努力，這才是最重要的。特別是在各人有不同意見的情況下，通過大家討論，尋找折衷妥協的方法，而非爭論誰是正確的。

不過，要做到這一點絕非容易。知子小姐說：「衝突的事情也會發生，但演奏時我們會互相認同大家的優點，只有這樣才能創造出香港管弦樂團的形象。這是一個有香港人、中國人、歐洲人、美國人、日本人等不同國家和地區的人組成的團隊，所以我們有其他國家沒有的聲音，這正是我們的強項。」

帶領這個團隊的就樂團首席指揮梵志登大師 (Jaap van Zweden)。他要將各式各樣的藝術家團結在一起。這些都是個性鮮明，對於自己想做的事情有着強烈信念而不容易退讓的人，所以領導他們對於任何人都是一個挑戰。不過大家對於香港管弦樂團都懷着同樣地珍惜，所以最後總能夠達成一致的決定。

要建立互信，就要創造一起的時間，即使是吵架，只要大家在一起，在困難時，得到也許並不算喜歡的人的幫助，慢慢就會變成朋友。樊志登總監說過：「要大家一齊去巡演。」透過巡迴演出，大家一同寢食，一同完成一件事情，一同共渡美好時光，一同克服困難，從而漸漸地成為一百人的真正大家庭。

指揮的魅力會影響樂團的韻味，雖然不是演奏者，但指揮的性格與為人至關重要。人與人之間存在着某種相容性，就算

好評如潮的指揮家，如果和管弦樂團合不來，來到這裡也不能好好地演出；不太知名的指揮家，如果大家很合得來，也可以奏出很好的音樂。就算是同一首歌，在不同的指揮家帶領下，速度、音色都會不同。若果指揮家和管弦樂團陷入「和你一起做真的行嗎」的彼此懷疑，那就糟糕了。因此一個樂團能否自律，可否演奏出優秀的作品，就要看指揮家的修行了。

「這個管弦樂團在那一方面比較強？」樂團指揮必須具備這樣的洞察力，能準確地理解一個樂團的特性，並且用自己的魅力將樂團的潛力發揮出來。

知子小姐認為在香港管弦樂團，指揮擅於發現樂手們的長處，通過讚賞和肯定的方式，激發大家的能量，將樂團帶到一個更高的水準。

既然談論到指揮家的領導才能，我接着問知子小姐，那樂器又如何呢？知子小姐表示，也許僅僅是她自己的想法，總覺得演奏弦樂器的通常比較多的是成熟、認真、踏實做事的人。

不過知子小姐自己常常被問到：「你是聲樂科的嗎？」為甚麼有這樣的誤會呢？知子小姐說聲樂家在舞台上忘我地投入到角色之中，有着演員一般的表現力。對於自己被當作是聲樂演員的誤會，知子小姐倒是很樂意接受吶。

說到弦樂器，雖然也有獨奏的機會，但多數時候需要眾人

一同彈奏以獲得評價，弦樂器的團隊精神顯得格外重要。與其相比，小號、法國號等管樂器的演奏則需要強大的意志力，當一百人的演奏突然停頓、全場靜默，等待管樂器的獨奏，這種時刻的獨奏是令人高度緊張的，樂手的任何細微動作都會使得樂器即刻發出聲音。要常常面對這種突然出現的不獨奏不行的壓力，性格不開朗的人或是思慮太多的人是很難做到的。

大約出於同樣的道理，知子小姐認為如果敲擊樂和管樂的樂手給人以精神強大印象，也是符合樂器的性格的。

無論哪一種樂器，不踏實地反覆練習的話，都很難達到相當的水準。不同國籍的音樂家，所演奏的樂器不同，會形成完全不同的思考方法和性格。這麼多元的人集合一起的香港管弦樂團，懷着製作好音樂的目標，隨着時間的沉澱，逐漸融合成為一個大家庭，創造出屬於香港的音樂。

像管弦樂團這麼多人的群體，也曾經經歷過所有演奏者和指揮成為一體的瞬間。「假若有 100 人和指揮者合而為一，100 人同時感受到『哇，這真的是很好的演出啊』的時候，全部人都能體會到這種感覺，這份感動是沒有其他可媲美的。也許年青人暫時可能未有這種經驗，但做音樂，總有一天這樣的時刻會來臨；『能夠參與樂團真好啊』的感覺會忽然從心底出現。直至目前為止，我曾有幾次這樣的經驗；在美國的時候也有，

在香港管弦樂團的時候也有。我的意思不是說奏出了美妙音韻的那種時刻,而是那個感覺『嘩』的瞬間,那個對着就算曾經鬥嘴的團員們都很想說出『你們真的很好』的瞬間,覺得已經將音樂準確地傳遞給了聽眾們。」

香港是音樂福地

香港管弦樂團擁有 100 位樂手,是全亞洲陣容最龐大的樂團之一。要造就優良的管弦樂團,必須有固定的練習演奏廳,優秀的音樂總監,優秀的員工;而優秀的音樂家也需要有足夠的時間專心音樂。在香港管弦樂團,這樣的細緻考慮。會長、音樂總監、所有員工,都為了樂團更上一層樓而努力。

香港管弦樂團音樂總監梵志登大師兼任紐約愛樂樂團總監。他是在擔任了香港管弦樂團的職務後才接受紐約的邀請,直至如今他還是兩邊兼任。最近受新型冠狀病毒的影響,演奏會相繼終止,梵志登大師打電話給大家,與 100 人的樂團的每一個人直接交談問候。擁有抱持這份熱情的一位領袖,是香港管弦樂團的強項。

華格納的歌劇《尼伯龍根的指環》(Wagner's Ring Cycle)單是演出就需要 150 名樂手,而要演奏馬勒(Mahler)的交響

樂曲目也需要相當大的經費投入：光是法國號就需要數十支，豎琴也要八台，更不要說招待來自海外的演奏家們在香港停留期間的費用。《指環》包括四部歌劇，每一幕大約四至五小時，完成錄音和 CD 製作就花費了四年時間。

　　邀請多位藝術家來到香港，通過長時間的辛勞工作，完成錄製這些偉大的音樂作品，這本身需要龐大的財力支持。對於許多音樂家來說，包括很多國家級管弦樂團的樂手，這樣的機會太難得了。有些很想做的音樂，例如馬勒，一直都未有機會做到，史特勞斯（Strauss）等等都未有機會做得到。甚至一些技藝精湛的管弦樂團都因為遇到經濟困難而結束，這真是可惜。所以，知子小姐認為香港的確是一個讓音樂人覺得被祝福的城市。正因為參與了香港管弦樂團，她本人才有機會將主要的交響曲都差不多全部演奏過。每當錄音順利地結束時，她總是一邊感受着身體的疲勞、特別是肌肉的酸痛，一邊沉浸在強烈的成就感之中。

　　「香港管弦樂團要成為亞洲第一、世界第一的樂團」！這個口號起初聽到只是笑笑，並未當真，現在卻覺得並非一個夢。2019 年 10 月，香港管弦樂團作為亞洲樂團首次獲得「留聲機獎」（Gramophone Classical Music Awards）。這是由英國的古典音樂雜誌《留聲機》（Gramophone）創辦，在古典音樂界最具權

威性的一個獎項，日本的樂團此前也未試過被提名。香港管弦樂團得到 2019 年年度樂團大獎（Orchestra of the year 2019），開創了亞洲樂團獲獎的先例。不難想像得到這個獎項後的香港管弦樂團會將會晉級到另一個新階段。

擁有一個廣受讚譽的管弦樂團是一個國家重要的文化符號，例如柏林交響樂團（Berliner Symphoniker）之於德國，是展現國家實力和文化豐盛的一個最好象征。

日本對古典音樂也有多項支持，在東京有若干個優秀的管弦樂團，不過從另外一方面來看，知子小姐覺得一個地區內同時有超過十個專業管弦樂團，這樣的密度是不是太高了，而且每個樂團每年都有數場演出，讓觀眾如何來得及消化呢？畢竟日本的音樂會入場券價格本身也比其他國家高。

相反，像香港般能夠聆聽高水準的古典音樂而門票不昂貴的地方，全世界級可說是絕無僅有。所以為了聆聽日本演奏家的演出，會有人從日本專程來香港，順道也來趟旅行。

在日本也有很多古典音樂的支持者，不過許多日本人太忙碌了，可能未必有餘閒到音樂廳去聆聽現場的演奏。「今天放下工作早些下班，買一張 50,000 円的音樂會入場券，有幾多人可以做得到呢？」也許正是這個原因，提高了日本人親近古典音樂的門檻。而沒有機會聆聽，就無法理解音樂的好處，之後

也不會嘗試去親近古典音樂。這就是日本現在古典音樂愛好者人數難以增長的原因。

在這樣的情況中，反而有一些人因為前往海外工作的機會而成為古典音樂愛好者。「有時間了，門票也不昂貴，去聽聽看吧！」懷着這種輕鬆的心情來到音樂會，一聽鍾情，一下子成為熱情的古典音樂愛好者，這樣的情形知子小姐從來到香港工作的人們那裡聽說過頗多次：「在過往的人生裡面，從來都沒有像現在這樣頻繁的來聽古典音樂。」

香港的好處，就是沒有「只有有錢人才能聽音樂」的限制。或許還不是很多人知道這一點，所以知子小姐很想將香港的這個優點傳播開去。同時，傳遞音樂的感染力，這也是她想在日本做的事情。透過自己的努力加強香港與日本之間的音樂交流，說到這時知子小姐明亮的雙眼看着前方。

沒有偏見的社會

住在香港的這些年，感覺香港是一個珍惜今天、珍惜眼前的地方。居住在這裡的人，無論是甚麼種族的人，都很珍重地活在當下，活好今天；前面的夢或者成功，第一步都是從今天積累；這也是一個一個重視人與人溝通的社會，會重視現在身

邊的人，也會與日本一樣留意周圍人的感受，不干涉別人，不打擾別人，互相替對方着想。

1997 年香港回歸不久，知子小姐來到香港定居，至今已23 年了，鬆獅愛犬也有了下一代。

「在香港的生活也讓我體會日本的優點，也會明白很多事情並非理所當然。比如，從前在日本生活的時候，總會覺得日本報紙上的新聞都是正確與真實的，現在卻明白到對傳媒過分信任是很危險的。例如國與國之間的關係，隨着所報道的事情，會帶出不同的思考方向。」

知子小姐認為在海外生活中的收穫中，其中最重要的就是培養了自己思考判斷的能力，這對往後的生活有很大的幫助。

語言這方面，試試看，懷着希望聽到對方的想法的心情，不知不覺地就可以開始對話，然後就可能「很想再談下去」。可見就算是單單增加對交流的願望，已經可能帶來對話的樂趣。所以無論如何應該要試一次。只要試試看總會有一點成果。「人生短暫，最好往外面走走，得到許多經驗。吸收好東西，把不好的東西當做反面教材。如果僅僅以言語不通為理由而不去嘗試，實在很可惜。知子小姐希望透過交流，讓許多的人放下偏見，讓人們用自己的思考與判斷去理解這個世界。

「我現在不會以『是甚麼國家的人』這種方法去看人，大家

都是人，都是人類。我覺得能夠這樣被看待也十分好；無論是何許人，作為人類，平常的與他人接觸變得容易，也被不同的人接納，作為音樂家，真的是非常好啊！」知子小姐如此說。

當被問到今後的夢想時，知子小姐直接回答說：「想儘量告訴許多人，與音樂共同生活，讓心靈豐富；音樂可以成為人生的一部分；音樂可以療癒人心，成為生命的活力。」當心靈變得豐富，生活也就會容易起來，人也變得更溫柔；若自己沒有被療癒，就不能去治癒別人。這個無論在養育小孩和工作中都可以體會得到；如果自己覺得不足，就很難對別人溫柔。但是如何才能有意識地，將自己的心變得豐富呢？

在現場聆聽音樂，感受音樂的律動，讓音樂的感染力進入身體，讓內心充滿音樂的魅力，這就是音樂所具有的、對身心靈的撫慰。我還記得，每次去聽知子小姐的演奏時，總會感到心靈被洗滌，心境變個明朗，更在不知不覺間流淌下有時憂傷有時喜悅的淚水。知子小姐認為，通過網路下載，或者 CD 等聆聽音樂很難有這樣的感受，這是在現場才能體會到的、音樂強烈的感染力。在現場接受過這樣的感動的人，一定會忍不住地想回到現場來親近音樂。

知子小姐希望大家能留意到音樂的力量，她往各處參與演奏會的演出，就是希望更多的人可以留意到音樂所擁有的力

居港多年，知子小姐認為香港是個沒有偏見的社會。

量。今後她很希望演出很多的音樂會，與聽眾再多一點對話。

將來的願望，是希望最終能夠成立基金會之類的機構，支持小朋友達成夢想。

幼時聽到小提琴的知子小姐，被音樂的魅力所打動，完全沒有想到音樂與貧富的關係，對於她來說，音樂就是一種美好的存在，她期望通過自己的努力，能夠把音樂帶給需要的每一個人，那些疲累的人、悲傷的人、那些遭遇困苦的人，將音樂的力量傳遞出去。她正在思考如何在醫院、或者收留失去了父母的孩子們的地方，為孩子們演奏，最終能實現成立基金會支持喜愛音樂的小朋友們達成夢想。

如果，如果，能再次見到潮田老師，知子小姐想對人生中最重要的人，說些甚麼呢？

「從潮田老師那裡繼承的，我正盡己所能，把音樂的能量帶給更多的人，把希望傳遞給下一代。如果我有一天能實現老師對我的囑託，能實現我的這個願望，希望我能再一次與老師相遇。」

說出這樣的願望時，知子小姐熱淚盈眶的樣子，深深地印在我記憶之中。

訪談後記

　　第一次訪談進行中，田中小姐收到父親過身的訃電，對採訪是否要繼續下去最動搖的，反而是最不應該的我。田中小姐卻很冷靜地與我一同完成訪問。由於新型冠狀病毒感染的擴散，第二次是訪談透過視頻通話進行的。果不其然，此時的田中小姐正在構想網上演奏會的事情。第二次訪談以田中小姐說出的一句「此刻，父親也來到我們這邊的吧」開始。在這次訪問中，我也很不思議地感覺到已經往生的父親此刻來到了自己的身邊。

　　人們常說現代社會中人與人的關係變得疏離，但是透過這次的疫症，雖然人和人的接觸受到限制，自由來往的權利被剝奪，但我們反而更加渴望人與人的交流。人是不可能一個人活下去的，所以，有了父母和導師，才有我們的今天。

　　在自我隔離的生活中，無論是我或是孩子門，都從音樂中獲益匪淺。「只要有希望，大家一起努力的話，我相信可以跨越任何困難的時刻。我想用音樂的力量達成這個目的。」田中小姐的這句話，每一天都敲擊着我的心弦。

インタビューを終えて

　第一回のインタビュー中に舞い込んだお父様の訃報に、最も動揺していたのは、有ってはならぬことではあるが、インタビュアーの私だった。田中さんは気丈に、最後までインタビューにお付き合い下さった。新型コロナウィルスの感染が広がる中、ビデオ通話で第二回のインタビューをした。やはり彼女は、こんな時だからこそ出来ることがあると、オンラインコンサートの構想を膨らませていた。その日のインタビューは「父も、今、この辺に来ているんじゃないかしら」と言う彼女の言葉から始まった。彼女とのインタビュー中は不思議と、私も、亡き父の存在を近くに感じていた。

　人と人との繋がりが希薄になったと言われる現代社会。しかし、感染症によって、人との接触を制限され、自由な行き来を奪われた今、私達は、人との交流を渇望し、改めて思い知る。人は、一人では生きていけないということを。そして、両親やメンターの存在があるからこそ、今の私達がここにいることを。

　外出自粛の生活の中で、私も我が家の子供達も、どれだけ、音楽に支えられているかわからない。「希望があれば、みんなで力を合わせれば、どんなタフな時でも乗り越えられると信じている。音楽のパワーで、それを成し遂げたい。」彼女の言葉が、日々、胸を打つ。

第五章

主廚：長屋英章

受 訪 者：長屋英章

職　　業：主廚

訪問日期：2019 年 1 月 18 日

簡歷：

1977 年	出生於於東京，父親以油畫為興趣，母親是茶道與花道老師。
	受父親影響，自小憧憬法國文化，踏上學藝法餐的道路。
	為追求地道法餐體驗，25 歲時一人前往法國，在米芝蓮三星餐廳精進廚藝。
	在感受歐洲藝術的衝擊的同時，從海外視角認識日本文化的精彩之處。
2012 年	擔任 L'Effervescence 餐廳主廚，在 NARISAWA 餐廳工作期間與對自己影響至深的師傅成澤由浩主廚相識。
2017 年	來港，在香港西貢的高級餐廳「和 Theater Restaurant 食の劇場」擔任主廚。
2018 年	獲選為五位在香港的最佳日餐主廚之一。
2019 年 5 月	以自己名字冠名的「英味 -HANABI」餐廳在香港中環開幕。
2020 年 1 月	返回日本。

在東京出世的長屋英章，上小學前，每逢冬夏假期都和家
人在北海道的函館度過，以至許多年後，在東京時他才留意到
魷魚是白色的——在北海道，魷魚都是透明的。被海的景色所
吸引，他總感覺自己和大海之間有一種莫名的緣分。

25 歲那年，人生中第一次出國，去法國南部生活。穿行
在馬賽的街巷裡，他常忍不住地叫出來：「啊！這個地方我來
過！」談不上似曾相識，但第一次來立即有種「就是這裡了」的
感覺。之後在那家坐落於地中海峭壁上的米芝蓮三星海鮮餐廳
工作時，類似的熟悉感覺也常常浮現。

作為絕對少數的日本人

　　為了學習料理，長屋先生選擇一個人前往法國。當時也不懂法文，他只在飛機上學了幾個最簡單的字母。父親以前很想成為畫家，與他談起過梵高、雷諾阿、畢加索等，也許是受到了影響，他對法國文化有着強烈的憧憬，覺得料理就是法國料理。

　　最初選擇了嚮往的巴黎，但去了之後感覺很難適應。長屋先生第一次在海外生活，不僅常常被鄉愁折磨，更要對抗內心的挫折。這時腦海中浮現出父親說過的話：「畢加索、梵高等藝術都是從巴黎去了法國南部，才獲得成功的。」

　　南部是讓人成功的地方嗎？一定要去看看。

　　於是他抽出一個假期，真的去了法國南部，在那裡受到了巨大的衝擊。南法的色彩是讓人充滿活力的：橙色、黃色、紅色……要在這裡尋找到自己！要在這裡成功！那一刻長屋決定了自己未來的道路，隨即搬到馬賽，在那裡生活了三年。

　　也許是薰衣草的香味。

　　長屋先生喜歡薰衣草，他說，小時候生活過的北海道也有着同樣的氣味，是薰衣草在大自然中散發出來的香味。後來他看地圖，發現法國南部與北海道南部，恰好位於同一個緯度。

　　巴黎是生活着不同人種的城市，而南法則周圍全是法國

人。進入法國人的圈子，長屋先生才第一次意識到自己作為日本人的身份。當時他才 20 多歲，覺得越是被欺負，越要自己變得強大。如果那時身邊有日本人的話，可能會毫不猶豫地向對方求救。正因為自己是唯一的一個，如果不能夠超越自己，便甚麼問題也解決不了。所以必須讓自己強大起來。

那時長屋先生的腦子裡只有這樣一個念頭。

到法國學習料理，剛開始工作時他一直被分配清潔的工作。有一次，一個比自己年輕的同事將餐巾扔到他臉上。那一刻，體內要保持理性的控制力徹底消失。當着主廚的面，長屋先生揪住對方的脖子，心想最好將他脖子扭斷算了。也許這是廚房裡第一次出現這種暴力畫面，主廚上前制止，被正在氣頭上的長屋推開了。就這樣，他抱着「這種店還是辭職吧」的心情回到了家。沒想到當晚主廚來到他的住處。

「你啊，自己想做的事情不說出口，其他人是不會明白的。我們以為你喜歡做清潔的工作。」主廚心平氣和地說。

這算是理由嗎？長屋先生抱着懷疑的態度，卻又不得不思考主廚的話。那是他第一次認識到，在日本只要默默忍耐，總會被人留意到 —— 但那是日本的方式，在海外，想要做的事情就必須要明確說出來。

「這傢伙，既然願意做這樣的事情，那下次也交給他吧。」

在海外生活，如果不直接說出「我想要做這個」的話，默默地做事會被認為是因為喜歡而去做，也就是說，如果不說出自己的想法，就會被認為是沒有想法。

與日本那種默默做事等待被發現的文化截然不同，這個生活經驗使長屋先生明白，以避免衝突的方式，將自己的想法清楚表達出來，展示自己的實力，得到他人的關注和肯定，是非常重要的技能。為此，還需要等待合適的時機，充滿誠意地表明自己的心意，以獲得他人的理解和支持。

那個不打不相識的同事，日後變成了最好的廚師朋友。第二天早上，他甚至幫長屋先生沖了咖啡。從那之後，隨着交流的增加，長屋先生坦率地說出內心的想法，周圍的環境也慢慢改變了。

餐盤上的世界觀

「後來與我成為好朋友的他，現在已經是一位名廚。而當年目睹我們衝突的主廚，在香港四季酒店米芝蓮三星餐廳擔任主廚。最近我們在香港 IFC 相遇，敘舊時我想起，當年在法國時發生的事情，現在都成為笑談。我們沒有在法國再見，卻都為了實現夢想而來到香港，人生的偶遇真是充滿戲劇感啊。」

結束了在馬賽的生活，長屋先生原本計劃在巴黎停留一段

時間，那時在巴黎的工作也落定了。但他遇到了新的困惑——他開始意識到自己追求的美學並非法式美學。無論法國還是整個歐洲，追求的都是完美之美，比如凡爾賽宮，如果從整個建築居中位置畫一條線，其左與右是完美對稱的。他反復地思考這種美學的內涵，卻發現不知為何，自己感受不到這種美的震撼。也許是太完美了吧，它並不是心目中想追求的美。而且，作為一個日本人來呈現這種美學，本身也很難得到認同。既然是法式美學，也許讓法國人去表現更為適合，作為日本人的自己應該追求屬於日本人的美學。

「一旦離開，你不會再有機會來法國了。」雖然被這樣善意地提醒着，長屋先生還是決定回日本找尋自己的根。記得在從法國回日本的路上，他繞道經過香港。「十年後，我想再來此地。」當時萌生了這樣的念頭，算是與香港結下最初的緣分。

回到日本，抱着想做一些有趣的、以前沒有人做過的事情的念頭，長屋先生開始了在 L'Effervescence 餐廳的工作。這間餐廳迄今仍被譽為東京最新銳的餐廳，吸引全世界食客來體驗。可是餐廳最初完全得不到行業的認可，甚至被知名食評家評為「這是 100 年來最差的餐廳」，直到開業一年後拿到米芝蓮，一切才改觀。長屋先生說沒有想到 L'Effervescence 也有這樣的遭遇，經過這件事，他明白了無論別人的評價如何，最終

長屋先生把南法繽紛的色彩在餐桌上重現，為顧客帶來鮮艷七彩的世界。

只有依靠自己努力才能獲得自己想要的結果，這使得他更加想獨自追求自己的道路。

　　長屋先生在東京的餐廳獲得了成功，但對於要追求的方向，對於餐廳要表達的美學，他決定必須更堅定地追尋。於是他去了京都，因為感覺自己想要表現的東西可能在那裡。這個被稱為「在京都的修行」的過程，沒想到最初就遭遇了挫折。有一天，他如在東京時一樣清掃店門前的道路，被一位鄰居責怪：「這麼漂亮的紅葉，為甚麼把它們掃掉呢？」這句話如同棒喝，讓他瞬間明白：「也許我追求的文化就在這裡 —— 不完美的美。『WABI』這種非對稱的美，正是日本的美學啊。我想以這種不完美為內涵來實現我的料理。」

　　長屋先生喜歡一款中間夾着甜餡兒的法國甜品，法文叫mille-feuille（千層酥），這個名字的意思是一千枚落葉。品嘗這款甜品的時候，叉子在鬆脆的表皮上敲打出颯颯的聲音，好像聆聽踩在鋪滿落葉的道路上的腳步聲。「啊，原來這是秋天的食物啊。」如果在春天的時候做這一款甜品，就無法表達它的用意了。可見，對季節的展現方式和感受方式很多時候來自於自己的自以為是。從此以後，長屋只在秋天的時候才做這款法式甜品的千層酥，因為只有在那個時候，它的故事、它的內涵才能表達出來。

　　長屋先生選擇回到日本，另一個理由是想了解日本廚師的料理觀。那時日本廚師開始在海外受到高度評價。長屋先生回到東京碰到的第一位廚師是成澤主廚，當時亞洲第一，也是世界頂尖的廚師。成澤偶然來長屋先生工作的餐廳吃飯，之後每週必來，直到兩人變成好朋友。成澤也是從學習法餐走上料理人的道路，但他拋棄了傳統的法餐菜式，專注於創造屬於自己的料理。

　　成澤曾經說過：「如果不在外面的世界奮鬥，是無法深入理解自己的根的。」他的話和長屋先生心裡的想法產生了共鳴。以此為契機，當成澤主廚發出「一起做些甚麼吧」的召喚時，長屋先生毫不猶豫地投身於「NARISAWA」餐廳的工作中。

　　當年去法國的長屋先生抱着學習的心態，並沒有清晰的方向。因此，如果沒有找到自己的特色，就算再一次去海外，也只能是在海外被打敗了。通過在法國的經歷，他察覺到如果沒有自己認定的東西，沒有自己不輸給人的東西，是無法在海外生存的。可以說，從最初有這樣的想法，花了十年時間，一步一步的，他所追尋的東西在自己內心越來越清晰。

　　自己不輸給人的東西究竟在哪裡？長屋先生覺得最重要的是挖掘到自己的根源、尋找到屬於自己的表現力。他常常用顏色來比喻，比如人都是有顏色的，那麼你是甚麼顏色的？要能清晰地說出自己的顏色，絕對有必要花費十年的時間。這就是

人與人之間的不同之處。香港人有香港人的根，日本人有日本人的根，每個人都有不同的根，只有不斷向下挖掘，才能找到只屬於自己的根。如果沒有這個根的話，總覺得缺少說服力。

對料理人來說，主廚的工作是以料理說服客人的職業，算是一種餐盤上的世界觀吧。長屋自己想要一種其他人沒有的、屬於少數派的美學，但這與料理的行業並不矛盾，對料理人來說，如何實現表現力，不同的料理人有不同的理念，相互之間不存在衝突。因此，無論遇到任何人，都可以相互借鑒與提高。比如在日本，大家看到的是同樣的東西，做着同樣的東西，因此，與其糾纏於這個和我做的很像、這個被誰拿走了、這個被誰搶先了，這種想法是沒有意義的，唯一不和他人衝突的方法，就是深入地挖掘屬於自己的獨特的地方。世界在急促此變化，我們要更能看到不同的人的長處。

糅 合 日 式 與 法 式 的 強 項

擁有尋找屬於自己根源的自信時，長屋先生開始思考下一個目標。他發現香港是下一個迎接挑戰的地方。在這個地方他很清楚自己未來要做的事情。就在這樣的念頭越發清晰的時候，他有了奇妙的發現：原來日本文化的根，是在廣東省啊。

一言以蔽之，講日本文化，佛教和茶道是其中重要的內容，而
無論佛教也好，茶道也好，每種東西之間都有微妙的聯繫。

　　長屋先生曾經分別學習過茶道和料理，也曾經嘗試了解佛
教，結果他發現很多迷惑糾纏在一起。他開始探索其中的關
聯，發現原來這些都是從中國傳來的，這不是很有趣嗎。如果
能在香港學習這些，能掌握只有在這裡才能理解的文化，能將
迄今所碰到的迷惑都一點一點地解開，這該有多好啊！不是在
新加坡、不是在台灣，這件事情只有在香港才能完成。香港之
外的話，雖然新加坡或台灣都有工作邀約，但此刻的香港是一
個能夠讓他自我實現的地方。除此之外他感受不到興趣在噴
湧，還沒有找到自己在那些地方存在的意義。

　　香港曾經是英國的殖民地，和歐洲聯繫緊密，又因為與中
國內地的淵源而深受中國文化的影響，這是一個有趣的地方，
特別是在色彩的運用上非常有趣，比如他最近發現「上海灘」
大膽地用綠色和紫色，強烈的色彩一起使用卻沒有違和感，反
而非常和諧。同樣的紅色，香港的、日本的、歐洲的完全不同。
人種也是如此嗎？香港有特別鮮艷的紅色，對立的組合卻產生
了意想不到的時尚感。長屋喜歡這種強烈衝突之間的和諧。相
比之下，日本的傳統色彩都是比較柔和的，強烈的色彩對比在
日本很少見。

2017 年長屋先生正式來到香港，在西貢的一家高級法餐廳擔任主廚。他認為香港是一個比日本更樂於享受美的事物和藝術的地方，特別讓他吃驚的是在料理方面，香港對於食物的品質和藝術性的期待比他想象得要高，甚至高於日本。1800 元港幣的晚餐，仍不斷有客人來捧場。這在日本是不可想象的。「迄今為止沒見過、沒體驗過的東西，請展示給我」，客人經常發出這樣的要求，並且不會吝於為有價值的東西支付高價。就這樣，在這兩年間長屋遇到了之前通常不會見到的不同客人。其中最驚喜的是一位創業成功成為全球富豪的企業家。

　　這一天，長屋主廚一邊準備餐盤，一邊傾聽幾位客人相互交談，當時他完全沒意識到眼前這一位是著名的 J 先生。

　　聽到客人們從餐盤上的章魚料理談到八達通，長屋以自己的理解補充了幾句：

　　「這個八達通，是日本的文化來的。Octopus 寫出來，不是章魚的意思嘛。」

　　「因為章魚有很多觸角，可以伸向任何方向，是取其便利的意思吧？」客人反問他。

　　「不是的，Octopus 在日本是雙關語的意思。這個是團塊世代（編按：日本戰後出生的第一代）的產物，是『置くとパス（一放即通）』的意思。」

那位客人以為長屋在開玩笑，於是他從 google 上查了資料給他看。客人聽得頗有興趣，臨走時禮貌道謝。他離開之後，社長問長屋先生說：「你知道那位客人是誰嗎？」此時他才知道剛才那位客人是大名鼎鼎的企業家。「這對於我真是很有趣的偶遇，是作一個料理人的獨特經歷。我希望客人從餐廳帶走美好的記憶。」

長屋先生曾經聽到好幾位企業家客人說起，雖然餐廳在西貢，路途較為遙遠，卻反而可以在來餐廳的路上將生意的話題都談完，這樣到了餐廳就可以專注於品嘗料理了。聽到客人這麼說，他感覺到非常開心。

2019 年 5 月長屋先生在香港開設了自己的餐廳，這次他選擇的是中環，這裡被稱為全世界租金最貴的地方，是人氣店也每天都要忙到打烊前的最後一刻的激戰區。之前在西貢的餐廳主打法國料理，這次嘗試的是創意日本料理，因此在料理的概念和餐廳的風格上都以日本料理為底色，同時結合法餐和歐洲菜式的做法。這樣的融合對長屋先生是很自然的事情，他本身是學習法國料理的，現在做日本料理，有甚麼是比其他人有優勢的地方，這是自己一直在考慮的問題。他想的是如何將日本和法國料理二者的優勢結合在一起，這一點是他的強項。

將從京都的修行和東京的實踐中掌握到的料理精神完整地

呈現出來，是開設這間新餐廳的目的。現在日本酒在全世界很受歡迎，以此為背景，長屋想帶出「旨味」這個概念，這是日本料理的特徵。和旨味相匹配的是甚麼呢？他想到了茶，他說現在正是將茶道帶入料理的世界的最佳時刻。不過他要做的並非茶懷石，而是新的東西。雖然是日本的東西，但此時來到中國這個茶文化的中心，一定要做一種迄今為止沒有過的嘗試吧，以茶作為表達日本料理的載體，以茶的苦味中蘊含的旨味去創造出與之相匹配的料理，這正是他全力嘗試的方向。

食 物 是 環 境 的 產 物

　　同樣的一款茶，不同溫度下味道卻會改變。以冰浸泡的茶，用意並非沖泡冷茶，而是用冰融化的時間延長浸泡茶葉的時間，從而將茶中的「旨味」帶出來。有了充足的浸泡時間，茶葉褪去苦味，只留下微妙而豐富的「旨味」。所以同樣一款茶葉，放在冰當中與放在 80 度熱水中，沖泡出的味道是完全不同的。這些有趣的想法和做法深深吸引了長屋，使得他思考將茶葉作為食材、而非僅僅作為飲用的材料時自己能創造出怎樣的料理。他期待着新的改變。

　　日本茶是日本環境下的產物，在香港用日本茶就失去了意

以日本料理為基調，糅合法式及西餐的做法，是長屋先生的強項。

義。在這裡就要用不完全發酵的本地茶，這會很有趣。在日本時很好奇為甚麼香港的東西不做發酵處理呢。到香港住下來之後，明白了為甚麼香港沒有甜麵醬和豆瓣醬，卻有 XO 醬。去了上環，看到那裡各種各樣的海鮮乾貨店，就會理解香港為甚麼培育出不做發酵、也不用發酵的飲食文化了。

　　長屋說起他對於各地食材的有趣觀察。與香港不同，法國是一個隨時乾燥食物的地方，在法國，白襯衫要熨燙到發出啪哩啪哩的聲音，沒有在那裡生活過的人是體會不到這種「過度乾燥」的感覺的。這就是環境的影響。所以紅酒、奶酪和橄欖會在法國流行，法國人處理食物的方法要將水分拿走，這是一種讓水分無處藏身的文化。

　　日本居於二者之間，四季分明的季節讓溫度和濕度都保持在合宜的水平，使得日本成為重視發酵的國度。而到了香港的話，就不能不盡用香港的好處了。比如香港乾貨店賣的乾貝、椎茸等，本身都是日本的食材，但在日本的料理中很少有人用這些食材，為甚麼呢？

　　長屋繼續解釋說，在不同氣候下製造的乾物，比如在法國乾燥到發出啪哩啪哩聲音的食材，到了香港馬上變潮濕了。從法國來的廚師為了在料理中使用乾燥的食材，要特意乾燥食材。初來香港時他自己也會這樣處理食材，但那時覺得在香港

的高濕度環境下，對食材特別做乾燥處理真是沒有必要吧，就在香港本地這種濕度下以食材的本來狀態去發揮豈不是更好嗎？料理是環境的產物，所以料理以環境為工具是很自然的，如果不學習料理，如果不以料理所處的環境體會料理，是不會明白這樣的道理的。以這樣的思考方式，長屋學習到在日本體驗不到的東西。

長屋在香港中環開設的餐廳，菜單上不寫任何食材，只有「薰風」兩個字。餐廳既提供鮑魚和蘆筍的菜品，也有螯蝦等製作的菜式。「那種必須寫出鮑魚和蘆筍等高級食材的菜單，我並不喜歡。我想做的是那種讓人在某個瞬間感受到的美味，比如雨天的菜單，融合着下雨天的氣氛。如果客人來店的時候天突然轉晴，可能菜品與它所傳遞的氣氛也隨之改變。」

「為寒冷日子準備的菜品，如果天氣轉暖了，當然應該改變。我已經不想再做寒冷日子的料理了。事先準備的菜單也可能 100% 改變。所以大家千萬不要相信之前的菜單（笑）。究竟做甚麼好呢？客人六點鐘就到店了，五點鐘時菜單還沒有決定。早上開始準備的菜單，為了盡力給客人做出最上乘的料理，一直思前想後，遲遲未決。」

在這種如履薄冰的氣氛中學習，不知不覺中被一種即時感推動着，不容許自己有絲毫懈怠。學生時代的長屋先生認為跟

着教科書學習是很乏味的事情，反之他認為能隨時改變點子的老師很棒。比起教科書，他更願意跟着法國料理的菜式學習。只是現在的法國料理形式大約一百年前就已經存在了。一百年前的料理，今天再現出來，這樣做有意義嗎？雖然再現這種美學的價值是存在的，但是今天物品的流通形式已經完全不同。例如，清晨在日本拿到的食材，傍晚就運到了香港。而在一百年前，新鮮的食材無法很快運輸到巴黎，所以廚師發明了現在被神化的醬料。但是，現在還有必要這樣做嗎？對品質優良的食材，還有必要使用那些按照過去的配方調製出的醬汁嗎？比如越往南方的話，調味料的甜味越鮮明，所以與其使用醬汁，不如儘量將今天的食材中的甜味帶出來。

思考這些總能給長屋鑽研料理的動力，相比重複前人流傳下來的菜單。他更想做出令一百年前的人也羨慕的料理。如果是已經決定的菜式，自己所做的只是完美地重複，自己的想法無法加入其中。例如，現在南半球的食材可以流通到香港，所以在夏天也可以用到冬天的食材，料理人沒有理由不享用這樣的便利啊。料理方法通常隨着流通方式、化學保存手法的變化而改變，今天我們有無數種的選擇。香港是全世界的食材聚集的地方，在這樣一個地方，沒有必要拘泥於日本食材。只要能把握自己的根基，只要能表達出料理的精髓，無論使用甚麼樣

的食材，只要能堅持自己的理念。無論是香港的食材，還是法國的食材，只要能保持自己作為日本人的美學，那就不會動搖。

要善於從地利之中生存下去。就要更努力地尋找自己的立足點。長屋始終記得香港的朋友對他說的一席話：「作為日本人的你當然理解日本料理文化的好處。但是，如果以這樣的好處與你現在所在的地方對接，產生更多的化學反應，豈非更加有趣呢？」長屋說，這也許正是最大的挑戰。如何活在當下、享受當下？在這裡體驗的東西，是在此時此刻才會有的，是在此時此刻此地產生的，這是我們活着的當下，也是我們活在其中的變化。

香港人的速度感與化學反應

談起料理來很有深度的長屋先生，又是如何看香港人的呢？他說通過與香港人的接觸，覺得香港人的善意與日本人的善意是很不同的。在他看來，香港人有「你懂的事情可以教給我嗎？我也想教會你你所不懂的事情」的性格。因為這樣的「港式特點」，長屋先生有機會和不同人去不同的地方，體驗不同的事情，從這當中得到成長。

客人來餐廳的時候，有時會提出很多要求，有時會投訴。

在日本這也許被歸為是很麻煩的客人，但長屋覺得這其實蠻有趣的，反而很想回應這樣的客人的要求。這樣「我支持你想做的事情，你也請支持我想做的事情」的關係在日本是不可想像的。在日本的話，同行裡有不同的人，常有惡語相向、暗中阻攔、故意阻撓的事，但在香港，大家之間是一種相互協助、你有困難時我來幫助，我有困難時你也會出手的關係。

「從香港朋友們那裡得到的建議，給予我邁向未來的很多啟發。這些建議不單讓我看到前方，也讓我尋找到自己努力的節奏，這真是很有趣的體驗。比如，在餐廳裡邂逅世界級企業家的經歷就是我在香港收穫的一筆財富。這些企業家本身很富有，隨時可以購買到日本的食材，你使用的食材他們自己都可以買到，所以你在他們面前用上等的金槍魚是無法感動他們的，這種時候你必須拿出真本領不可。這種壓力就是追趕你不斷進步的力量。」

如果從料理的工作上來講，香港人特別追求快。比如必須要煮一小時的菜式，香港人用一半時間就可以搞定。真是太厲害了！不過餘下的 30 分鐘好像有點兒浪費了。對講究過程的長屋先生來說，這可能有點兒難以接受，但他說這樣並沒有甚麼不妥，好比登山，多數人考慮的是用直線的最短路徑。雖然路線很多，但香港人很擅於發現新的路線。反之，如果挑選

一條遠路，路上也許可以看到美麗的風景。無論是捷徑還是遠路，最終都會達到目標，區別之處只是在於到達目標的速度感。長屋覺得這種思考方式是香港人的武器。如同身為日本人的他有自己的武器一樣，文化的差異塑造了思維的差異。

對他來說，香港是一個自由的地方，是可以做自己想做的事情的地方。日本的話，在實現自己追求的結果之前，過程中會有很多曲折。雖然是被人接受的事情，但實際上可能無法達到預想的效果。但只有不同於眾人的意見，才能達到最強烈的效果。在日本實現這樣的夢想要花費大量時間，香港會快上很多。「因此，在日本要三四年才能實現的事情，我覺得在香港不出一年就能做成了。就是這樣的感覺。」

初到法國的時候，因為是少數派，長屋曾經受到不公平的對待。但他說，如果當時想着一直在自己的國家、自己的家，依照自己的價值觀生活就可以了，何必這麼辛苦地去適應不同的文化，也許永遠不會走出來。

日本是給人安心感的地方，不必勉強自己，人們常常這麼說。可是，也必須接受日本文化中的各種規則，包括必須一點兒一點兒地表達出自己的個性，個性過分強烈是很難成功的，與周圍人的關係也會變得困難。

在日本的料理界，論資排輩的傳統依然強烈。雖然有很多

想法，也有一身武藝，卻不得不耐心等待，直到年資過關。如果有香港人懷着「這是甚麼意思啊」的想法到日本學習，會發現在這裡沒人教給他／她怎麼做，必須要靠自己學習。日本社會是一個以年齡和資歷排序的社會，葉片要自然地落下，在此之前必須等待。到了海外，不論性別還是年齡，只能靠自己的能力生存了，相比用一生專注做的事情去決定勝負，長屋選擇到海外去，為的是想看看自己的能力究竟在甚麼樣的地方可以得到發揮。接受不同的價值觀，突破限制、讓視野變得寬廣，異文化交流的過程絕對是一個讓自己的世界變得寬廣的過程。

茶餐廳也能誕生靈感

長屋先生說香港給予他一種朝向前的感覺，一種強烈的對未來的思索。「我感覺每天都被追趕着。在自己國家與大多數人一樣的觀點，在這裡卻變成少數派。我和香港人是不同的，我和其他人是不同的。」這種「不同」正是自己的強項。在這裡就算突然展現出強烈的個性也會被接受，這裡像一個大容器，包容不同的少數，差異性在這裡受到歡迎。「因此，在這裡想展示的是未知的味道，人們也期待我展示給他們未知的味道。」

長屋先生曾經受到朋友邀請到他家中用餐。朋友安排廚師

準備了現在已經很少人會做的菜式給他品嘗，他也教朋友和家人製作土豆燉肉、漬物和味增湯等日本家庭料理。當天的菜式來自朋友的祖母，再由家族三代幫襯的餐廳主廚煮出來。有機會品嘗到這樣的佳餚，讓他深深體會到餐廳和料理人在傳承味道所擔當的責任。

在日本，父母教小孩子煮飯，孩子向家人學習料理，每一個家庭都有「媽媽的味道」，長屋先生最初接觸料理也是通過外婆和媽媽。在香港人們比較少在家做飯，傳承是由餐廳的料理人來承擔的。在不同的文化中，料理帶給人不同的意義。這一點讓長屋着迷。

長屋先生說他經常被人問到料理的靈感來自哪裡。「靈感隨時隨地都可以獲得啊。比如前幾天去麥當勞，看到年輕人輕快地搖動着薯條，於是想到很希望能做出很好吃的薯條。」茶餐廳也是一個給人靈感的地方。人們去茶餐廳通常不是為了食用高級食材，所以茶餐廳需要善用本地食材，將本地食材的優良之處運用在菜式中。

除了日常，他也通過閱讀和學習來創造靈感。長屋先生讀的書中包括不少醫學書，因為他想知道人是如何獲得味覺的，理解原理後他在料理中改變食物的呈現方式。比如，因為左撇子和右撇子取用食物的順序是不同的，如果客人是左撇子的

創作料理的靈感來自哪裡？長屋先生表示，靈感隨時隨地都可以獲得。

話，呈上餐食的方式也會相應改變。他也學過一些心理學的知識，從心理學上講，人們根據咀嚼、吞嚥的順序而品嘗到食物的味道，因此，他會按照這種進食節奏來佈置和呈現每一道食物，以更為符合人們享有食物的習慣。

　　當年在法國學習的時候，法國廚師思考的是如何完美地烹飪一道菜，他們追求的是從第一口到最後一口的完美感。與此相反，長屋認為相比在餐盤上精緻地呈現出菜品，更重要的是食物在客人口中完成的過程。將食物送入口中、在口中達到味覺的高峰，才是料理的有趣之處。如果只欣賞食物陳列於餐盤上的精緻，然後不假思索地吃進去，就失去了很多樂趣。

　　「美這種體會，不是出於偶然，而是有一種功能性在裡面，只是讓人視覺上感到美的料理，並非我追求的目標。我從一開始就不是以製作出漂亮的料理為目標的。我要呈現的料理其中蘊含着料理的意味，這是我覺得真正的美之所在。」

　　「只有抹茶味道的雪糕，對我來說雖然美味，卻不能讓我滿意。我喜歡驚喜，哪怕在意料之外。在銀杏樹般金黃的南瓜湯裡增添一抹綠色，是我想做的。自然界中沒有從黃色變成綠色的現象，樹葉通常由綠變黃，有時變為紅色，而當客人攪動南瓜湯時，其中的抹茶雪糕逐漸融化，黃色的湯變成了綠色，呈現出與自然截然不同的過程，我就是喜歡這樣的出其不意。」

為了追求這樣的出其不意，在為客人準備甜味的食物時，長屋反而會使用抹茶，他認為抹茶的苦味更能表現出食物的甜美。有時候他會嘗試在南瓜湯中放入蝦，如何創造一種新的食物的連接，是他隨時隨地思考的問題，每天行走在香港的街道上，他滿腦子想的是有一天幾時會用雜貨舖裡掛滿的乾貨、魚乾做出一道佳餚。

　　人生由點與線組成的，長屋先生想做的事情當年在法國無法行得通，最終他沒有落腳在法國。法國料理是一門靠手的技巧來完成的藝術，手要嫻熟地使用火。法文中廚師的單詞是 le cuisinier，意思是「加火的人」，因此如何使用火力是法國料理最重要的事情，就好比「生食」對日本料理的重要性一樣。來自日本文化、學習法國文化的長屋先生掌握了兩個料理的精髓，如何用好這兩種烹飪文化去創造更多的驚喜，是他未來要迎接的挑戰。

　　當你進入廣闊的世界裡，就會發現很多問題並沒有唯一正確的答案，此刻讓你煩惱的問題，用其他國家的常識來考慮，可能完全不算是甚麼煩惱吧。

　　當被問到如何看待近些年有不少日本料理人來到香港發展，長屋先生說雖然香港受到物價高昂的困擾，但這是一個人人懷有夢想的、正能量的城市。每天都有挑戰，每天也看到機

會，他也一樣，每天想的都是此刻專注於新餐廳，用自己的料理創造屬於自己的未來。

　　未來人類的飲食方式，未來的料理，將走向何方呢？無論是誰，無論來自任何一個國家，不是僅僅考慮自己的國家，而是去探索其他的國家，就能感覺到世界的廣闊。必須要面對不同的文化，才能體會到其中的好處。這之後當然會繼續思考自己的國家，但在這個世界上，如果不理解不同的國民、不同的文化，人類本身可能走到無法生存下去的地步。不能只考慮自己的事情了。例如，即使日本想限制捕撈金槍魚，但是大海是相通的，所以全世界的思考方式都必須改變。任何一個國家的問題，都和日本的未來息息相關。此時在法國發生的事情，將來也會出現在日本。接受難民的地方將變成甚麼樣子？日本是否也要思考這樣的問題？

　　在今天這個廣闊的世界，我們必須得要保持一個開闊的視野。長屋先生說如果沒有來到香港，他不會有今天的體會。而只有來到在這樣寬廣的世界，人生才能充滿趣味。「總有一日，無論身在哪個國度，都不能只思考自己國家的事情，而要看到更廣闊的世界，要去認識其他國家的人們和他們的文化，因為我們是作為一個整體的存在。人類也不能只顧着自己在地球上生存下去。」

訪 談 後 記

　　這個訪談是於 2019 年 1 月規劃出版方案時即刻進行的。

　　「總有一日，世界變得更為寬廣的時刻會來臨。任何一個國家，不僅考慮自己國家的事情，也要考慮其他國家的事情。全世界如果不關注其他國家的人或者不同的文化，我想人類自身可能會走到無法在這個世界上生存下去的地步。」

　　2020 年 4 月的此刻，如長屋先生所言，人類如果只顧自己的事情的話，將無法戰勝新型冠狀病毒的蔓延，與其的對抗將會非常艱巨。2020 年 1 月，社會運動導致香港局勢惡化，長屋先生結束餐廳，返回了日本。香港情勢轉差時，他收到了一個要求包場享受一家人的晚餐的請求。本來，這樣的高級餐廳是不會接受小朋友入店的，但那一天，出現在長屋先生眼前的是一家人開心用餐的畫面，他看到大人與孩子們親密地坐在一起，長屋先生想要提供將家庭與未來聯繫在一起的用餐體驗的念頭變得強烈。他現在的夢想正是探索能與小朋友們產生接觸點的享用美食的形式。

　　這就是在困難的時候仍不斷思索自己人生意義的長屋先生。以他的想象力和行動力，定能超越料理人的邊界，成為引領潮流的人物吧！

インタビューを終えて

　このインタビューは、出版企画が持ち上がってすぐの2019年1月に行われた。

　「いずれ、どの国も、自分の国だけでなく、他の国のことを考え、世界を広げる時がきます。世界全体で、他の国の人や違う文化のことも考えていかないと、人間、人類自体が生き残れないっていう所までいくと思います。」

　2020年4月現在、彼の言葉通り、人類は、自分のことだけを考えていたら、打ち勝つことのできない新型コロナウィルス感染拡大との闘いを強いられている。2020年1月、彼はデモによる香港の情勢悪化により、店を閉めて日本に帰国した。情勢が悪化する中、店を貸し切りにするから、家族でディナーを楽しみたいというリクエストがあった。本来、高級レストランは子供の入店を断っている。この日彼は、子供達と楽しく食事する家族の姿を目の当たりにして、大人と子供を隔てるのではなく、家族と未来を繋ぐ食体験を提供したいと強く思った。今の夢は、子供達と接点のある食の形を探していくこと。

　困難な時期においても、自らの人生の意義を考え続ける長屋シェフ。彼の想像力と行動力は、料理人という枠を超えて世界をリードしていくだろう。

第六章

化妝師：関根惠美

受 訪 者：関根惠美

職　　業：化妝師

訪問日期：2019 年 4 月 12 日

簡歷：

1975 年	香港出生。
	幼年至高中畢業，生活於香港、日本和加拿大。
2003 年	在位於香港中環的 Frederique Academy 美容學校學習。
2004 年	開始職業化妝師事業。
2005 年	在英國電視節目 Fashion Avenue 中擔任頂級模特 Jodie Kidd 髮型師。
2011 年	作為 NARS 團隊成員參加紐約時裝週，實現個人夢想。
2016 年	為蘋果手機 iPhone7 廣告擔任造型師。
2018 年	擔任造型師的香港芭蕾舞團廣告在全世界受到關注。同年被選拔為卡地亞珠寶展造型團隊領隊。
	現在以通過化妝為全體女性帶來希望和愉悅為願望，每月開設教授化妝的工作坊。
2020 年 5 月	被香港 Tatler 選為在 instagram 上最應該 Follow 的亞洲化妝師首位。

出生於香港的關根惠美，爸爸是上海人，媽媽是日本人，11 歲前的生活一半在香港，一半在日本度過。父親小時候從上海移居香港，年輕時為學習日語去了東京，在那裡與母親相識後結婚。之後和母親一起回到香港。惠美小姐自幼稚園第三年開始住在日本，12 歲時回到香港，在日本人學校上學，中學二年級時轉到國際學校，在學習了一兩年後去加拿大留學，高中最後一年回到香港，在這裡高中畢業。

　　雖然說每年都會去日本和加拿大，但說到香港時惠美小姐會習慣地說「回來」，對日本則會用「去」的字眼，對自己來說那裡是為了和住在當地的弟弟見面而去的地方。

　　「如果說哪裡是家的話，那一定是香港啊，因為這是父親生活的地方，也是自己成立家庭、哺育孩子的地方。」

我 的 媽 媽 我 的 女 兒

「小孩子過了三歲，感覺變得好玩了。」惠美小姐有兩個女兒，分別是 5 歲和 4 歲，像男孩子一樣的活潑。

「在香港照顧小朋友真的很方便。聽住在其他地方的媽媽們說，很難在當地找日間託兒所。在日本的話，進保育院或幼稚園都是很麻煩的事。香港有家傭幫手，特別是需要外出公幹的時候，真是很感謝幫傭的工作。」惠美說，只有做便當這樣的事情要自己動手。

無論多忙，惠美小姐每天都會親手為孩子們做便當。記得小時候在香港上日本人學校的時候，媽媽無論工作多忙，都要親手做便當給她。會講廣東話的媽媽擔任日本人旅行團的巴士導遊。惠美小姐記得曾經搭乘過一次媽媽做導遊的巴士，「想不到媽媽好厲害，很擅於講笑話」。回到家裡的媽媽一定很疲倦吧，不過惠美小姐只間過她非常認真工作的一面。「原來在人前的媽媽是那樣開朗的啊」的記憶，一直留存在她心裡。

為孩子做便當是受到媽媽的影響，不過，要是早上有特別早的工作的話，「就只好拜託幫傭完成將便當裝入飯盒的步驟。」惠美小姐的幫傭是菲律賓人，裝便當的方法和日本人有一些不同之處，就算有這個問題，幫傭也確實幫上大忙。

雖然幫傭裝便當的方法在日本人看來算不上完美，但有她幫忙，惠美小姐可以安心出門工作。香港的家庭傭工計劃對工作的女性來說，真是讓她們能兼顧家庭和育兒的重要支援。拜託幫傭做的事情，惠美完全信任，不在意小地方，即便有錯誤也選擇無視。這種家庭內部的管理能力，是在香港生活的女性必須具備的。

在那個時代，聽說選擇國際婚姻的日本女性是很少的。媽媽因為結婚來到香港，在這裡找到工作，一邊工作一邊養育孩子，應該是很辛苦的吧。但是從小時候一直聽到媽媽講的一句話是：「一定要把便當做好」。無論多早要出去工作，她都會這麼說。因此惠美小姐潛意識裡會認為做便當就是作為母親的職責吧。看到今天的惠美小姐，在天國的媽媽一定正露出會心的笑容，守護者充滿熱誠生活的女兒和可愛的孫兒們。

惠美一早對化妝頗有興趣，但真正走上成為化妝師的道路時她已經 28 歲。這對於即將踏入 30 歲的惠美小姐，正是她尋找到的理想工作。

17 歲在加拿大生活時惠美小姐第一次接觸到職業化妝師，當時她在當地留學，有一天和朋友一起去百貨公司裡的 MAC 柜台。這是一個創立於加拿大的彩妝品牌。直到今天她仍記得當時的情景。一直服務西方客人的 MAC 化妝師大概是對於作

為亞洲人的惠美小姐感覺很新鮮吧，足足在她臉上化了 30 分鐘都不止，化妝師自己也很享受這個過程。

化妝後看着鏡子裡的自己，惠美小姐嚇了一跳。「化妝可以讓容貌有這麼大的改變啊！」惠美小姐覺得很興奮，一口氣將當天用過的化妝品和道具全部買下來，真是一個典型的好客人啊。從那個時刻開始，化妝的種子在惠美小姐心裡萌生，到今日不知不覺間十年了。

不過，雖然很有興趣，當時完全沒考慮過以化妝師作為自己未來的職業。回到香港後惠美小姐選擇修讀酒店專業，之後在酒店的營銷部門工作。日常工作中雖然有機會探訪客人，不知為何與客人交談的場合並不多，這使得惠美意識到相比拜訪客人，她更喜歡一對一的交流，更喜歡做令眼前的人感到開心的事。

那時候惠美小姐開始為朋友在 party 或是結婚儀式等場合化妝，不過純粹出於興趣，她很享受朋友們看着鏡子裡的自己時的開心樣子，但並沒有將此當成為職業。有一次，她被一個特別欣賞的朋友一句「你絕對要做化妝這一行」的說法打動了，開始在一家叫 Frederic Academy 的學校上化妝課程，取得證書和文憑後順利畢業，從此以專業化妝師身份開始工作。頭三年真得很辛苦。惠美小姐在時尚界沒有任何人際網絡，也沒有展

示化妝成績的履歷書，那時手邊只有三張自己作品的照片，她不斷地購買和閱讀能找到的所有美容和時尚雜誌，英文雜誌、中文雜誌、月刊、週刊……該怎樣做才能找到想做的工作？惠美當時並沒有找到方法，但不管怎樣，她鼓足勇氣，盡力聯絡時尚和美容編輯，拜託對方給自己見面的機會。好在遇到的人多數都非常熱心，經常有週一剛認識的人週三已經介紹工作機會給惠美的情況。

向紐約時裝週進發

在香港，時尚攝影工作通常是「最後一分鐘」決定的事情，化妝師通常要到工作即將開始才接到工作通知。當然反過來說，也是因為到最後時刻所以才能夠決定下來吧。最初三年，幾乎過着翻看下週日程表還是空白一片的日子，怎麼辦？怎麼付房租？經常這麼擔心。惠美小姐清楚地記得當時柴灣有很多雜誌社，距離 MTR 柴灣站有一段距離，因為當時常常去那裡和時尚雜誌和美容雜誌的編輯碰面。就算累得腿都僵了，她仍努力拜訪每一個編輯。回想起來，當時曾經對自己說：「一定要做讓自己幸福的工作、自己真正想做的工作！」化妝就是惠美小姐的熱忱所在。

在時裝秀上為模特兒化妝，是惠美小姐初入行時的目標之一。

隨着經驗和人際關係的累積，工作機會日漸增多，雖然通常一周開始時工作尚沒有甚麼眉目，到了週五，下周的工作就都定下來了。惠美逐漸習慣了這樣的香港節奏。

　　作為化妝師，惠美小姐的終極夢想是紐約時裝週。紐約時裝週是時尚界的盛事，與巴黎、米蘭和倫敦時裝週并稱為「世界四大時裝週」（Big4））。能在這裡一展所長是很多化妝師的終極夢想，雖然僅有少數幸運兒有此機會。所以，當有一天這個夢想成真時，惠美小姐激動地全身幾乎顫抖起來。

　　沒有介紹人不行，沒有人脈也不行。當時，惠美給紐約所有經紀公司發了電郵，可是只收到一兩間經紀公司的回信，其中一位攝影師看了惠美小姐的作品，回信給她說需要經紀公司的話，這裡有啊。在他的介紹下，惠美小姐通過一家經紀公司進入 NARS 團隊，成為其中一員。這真是不可思議的幸運啊，隨後 2011 和 2012 年惠美小姐連續兩年為紐約時裝週工作。

　　參加紐約時裝週，給了惠美小姐和頂尖高手合作的機會，她曾經為設計師 Marc Jacobs 的時裝秀擔任髮型師，那是紐約時裝週期間最大的秀，集結了最優秀的設計師和模特，給她留下難以忘懷的印象。在做事的方式上他們對細節的絕對認真、對藝術的絕對執着，最細微的事情也要盡善盡美，這種對完美的要求讓她深深感動。其實不僅是 Marc Jacobs 秀，紐約時裝

週上的每一場秀、每一個設計師都是如此。這對惠美小姐是絕對新鮮的體驗，在香港做化妝師，基本上都是一個人的工作，與其他化妝師接觸的機會不多，而在紐約時裝週上有機會與國際背景的化妝師、設計師共事，對她產生極大影響，真是受益良多。「我沒有助理，所有事情都是自己來做，一邊做一邊學習，做錯的地方自己反思。不斷累積經驗，促成自己的成長。化妝有不同的領域，但當時并沒有甚麼人可以參考，那時也沒有 Youtube，真得是要自己一點一滴地嘗試、學習和積累。」

做化妝師的經歷中有機會見到不少被稱為「名流」的人士，他們的智慧、友善和感染力，就算只是短短幾天的共事，在之後很長一段時間着也影響着惠美小姐。

惠美小姐曾經在 Paris Hilton 來港期間與她一起工作過，「她真是一位專業的、頭腦敏銳的女性，和電視中任性的印象完全不同。」惠美小姐也曾經和中田英壽先生共事過兩次，其中一次是他作為嘉賓來港參加餐廳的開幕儀式。「他為人非常和善，當時他正一個人在等候室休息。看到我忙碌的樣子，他說：『去外面吃些東西？』這樣的小事（惠美小姐可能沒吃東西）他都有留心，並且真心地講出來。」

這當中印象最深的是 Jenna Lyon。當時她擔任 J Crew 的創意總監。她停留香港期間，惠美小姐擔任她的化妝師。雖然

參與卡地亞（Cartier）的珠寶展，及 Audi 的宣傳，讓惠美小姐留下深刻的印象。

是兩天，但之後六個月裡，那兩天的印象一直揮之不去。Jenna
小姐興趣廣泛，是一位很有魅力的女性，她與惠美小姐在很多
話題上都很合拍。「遇到她真是難得，這樣一位處在聚光燈下
的人卻難得的很容易交流，對時尚的感覺也非常棒，是給人留
下深刻印象的一位。」

　　人們通過化妝，想給別人留下甚麼樣的印象呢？在工作之
前，惠美小姐她常常會這樣問客人。她最關注客人的想法，只
有掌握了客人的心思，她才會動手為客人化妝。客人說這次想
要成熟的風格，惠美小姐在化妝上便儘量貼近這樣的風格。

　　秀場上也如此，要給予觀眾以愉悅感的化妝。2019 年 5
月，惠美小姐有機會為卡地亞珠寶展工作，負責組建化妝團隊
并擔任領隊。這次團隊包括為十八位模特服務的六位化妝師、
六位髮型師和三位美甲師。要根據衣服同珠寶的配搭，為珠寶
展決定色彩和妝容。特別要注意的是第一位和最後一位出場
的模特在髮型和妝容雖然不同，使得開場和謝幕的氣氛有所改
變，但必須維持統一的整體印象。「要為來看秀的觀眾留下愉
悅感覺，因為秀本身就是一種娛樂。看到那些美妙的服裝和珠
寶，靈感自然就湧現出來。」

　　無論是個人的要求，還是秀場的工作，惠美小姐絕對不會
降低要求。「抱着這樣的心情，無論如何做好每一個細節，一

定要讓眼前的客人開心！」

　　歲月推移，人的妝容會隨之改變。惠美小姐留意到畫眼線時眼睛不那麼有神了，也開始出現皺紋。為了解這些變化，她在臉上練習，作為客人妝容的參考。

　　在化妝上，通常有一定年紀的人會選擇比較淡雅和自然的化妝，很少用眼影這樣的東西。隨着年紀增加，皺紋增加，毛孔明顯，在面部形成陰影，這是人看上去衰老的原因。因此化妝的重點是遮蓋，或者是淡化這些陰影，從整體上給人留下年輕的印象。相比要求妝容漂亮，來找惠美小姐的客戶更關心如何使得自己看上去更年輕。因此，要避開會產生陰影的化妝品和化妝方法，而只使用柔和的色彩。

　　對於需要遮蓋的客人，只要使用修正液和遮瑕霜就可以了。修正液和遮瑕霜并不相同，比如粉刺需要用綠色修正液，或橙色的，或是三文魚那樣的顏色才可以遮蓋住粉刺，處理之後塗遮瑕霜，再施以薄粉，就能完美地解決粉刺的問題，可見只要用對化妝品，解決面部問題只是舉手之勞。

　　輪廓修飾是指對輪廓的改善，在西方的話，對輪廓修飾和陰影的運用是非常普遍的，這是卡戴珊帶起的風潮。以前也有輪廓修飾的化妝方法，但卡戴珊在社交媒體上分享自己的化妝：「看，我就是這麼化出來的！」於是形成風潮。亞洲人較常

見的是對鼻樑輪廓的修飾。輪廓修飾可以達到和整形同樣的效果，比如提升鼻樑線條會讓眼睛顯得更大。

　　日本人通常不會使用非常濃艷的色彩，日本人的化妝偏向自然風，追求女性化的、可愛的、柔和的女性形象。眼線也普遍用褐色而非黑色，髮型是飄逸風的。相比全世界盛行的以妝容和髮型來清楚表達自己主張的潮流，日本的情況有些複雜。根據想展示出來的形象、製作出不同凡響的髮型與妝容，這好像是日本的化妝風格。惠美小姐自己在日本的時候，相對於自己想穿甚麼樣的衣服，更在意穿甚麼樣的衣服不會惹出麻煩。相比起「自己想穿這一件啊」，日本人可能更帶着「周圍人會怎樣看我呢？」的習慣做出選擇。

令 所 有 的 女 性 開 心

　　隨着人們對生活品質要求的提升，與食品一樣，化妝也在進入有機的時代。以前只有屈指可數的幾個，現在確實增加了很多有機的化妝品牌。惠美小姐自己在拍攝作品時通常比較少用有機產品，因為着色比較淡，拍攝時候在強光下效果不夠，不過最近在攝影中使用有機產品的情況也多了。化妝逐漸朝着自然風的趨勢發展，最近在化妝品中也加入有機的護理產品，

比如加入美容液的粉底等，提升了化妝品的品質。品牌需要回應消費者的需求，因此可以想象未來化妝品將朝着令皮膚更好的方向發展。採訪當日，惠美小姐使用的正是有機化妝品，皮膚呈現的透明和自然感覺，令她看起來熠熠閃光。

　　化妝的潮流反映着時代的變化。20 年代的時尚是 Flapper（飛來波）女郎，她們喜歡細眉毛和心形嘴唇，50 年代的女性形象是夢露，80 年代伴隨搖滾風的盛行，女孩子們塗上厚厚的眼影，髮型也配合同樣的風格。到了 90 年代，人們開始喜歡曲線感很強的眉形，現在則轉向自然風，比如不過度修飾的、直眉的自然感覺。「化妝不應該是獵奇與極端的效果，不是嗎？」惠美小姐認為時尚不會重複，只會朝着令人感覺更為舒適、自然的潮流。

　　被問及歐美的自然風與日本有何不同時，惠美說西方人喜歡立體的妝容，但是要做出立體妝容，需要用陰影，這容易產生老的感覺，比如提升鼻樑可以增加立體感，但會看上去比較老一些。這是亞洲人不喜歡的，亞洲人喜歡看上去年輕。

　　在我面前的惠美小姐，是成功的職業女性，在家庭與工作之間維持着完美的平衡。但其實她經歷過一段情緒的低谷。2015 年有段時間，那時第二個孩子剛出生後，她陷入了「就這樣下去了嗎」的低落中，足足持續了一年時間。紐約時裝週的

目標實現了，化妝的人氣也沒有那麼高，於是第二年惠美小姐開始在 Youtube 上載教人化妝的視頻，同時也開始做以一般女性為對象的工作坊。

化妝是能令女性們感到愉悅的一件事情。每一次為客人化妝之後，看到她們帶着喜悅的表情離開，惠美感到特別高興，模特本人也特別開心，問惠美小姐「這樣出去可以嗎？」還有很多人告訴她「想學習化妝」，大家對第一次化妝的記憶通常是高中或者大學時，再遲也基本上是進入職場、成為社會人開始。那之後基本上化妝的習慣就不會改變了吧。「真想了解現在的化妝趨勢啊！」「也想那樣化妝啊！」這樣想的人不在少數吧。除此之外，從來沒有化妝經歷、想從頭開始學的客人也不少。

這樣想着，惠美小姐開設了首次美容工作坊。在工作坊上，惠美小姐一開始先做一些關於自己的介紹，比如如何走上化妝的道路。之後會介紹一些化妝 APP。然後介紹一些化妝知識，如修正液和粉底液的不同等。隨後會請一位志願者分享關於化妝的煩惱，再由惠美小姐為大家講解如何解除這些煩惱。之前的一次工作坊的話題是如何遮蓋住刺青。刺青是青色的底，所以用橙色可以完美地遮蓋住刺青，隨後再塗抹遮瑕膏，效果完美得讓大家都發出「哇」的驚歎聲。只要掌握技巧，誰都可以化妝。惠美小姐就是想教給大家這種誰都可以實踐的技巧。

上一次工作坊非常受歡迎，全程分三節，每一堂兩個小時。參加的都是沒有經驗的素人，不僅僅有日本人，香港人、西方人，甚麼人都有，大家上完課都變成了好朋友。看着大家放鬆的樣子，惠美小姐自己也覺得很開心。

課程雖然是免費的，但參加了的人很多想繼續學習下去，這讓惠美小姐再次感覺到對化妝的熱情。之後惠美小姐想讓接觸更多香港女性，教授她們化妝的技巧。「業界的人已經熟悉我了，現在想被世界上不同的女性所認識，想成為那種大家一提起化妝師、就會想起來的人。」

現在已經做了第二次的工作坊，目標是之後每一月舉辦一次這樣的工作坊。「為甚麼想變得有名呢？」如果有人這樣問惠美小姐，她會說是為了一個更大夢想，那就是和全世界知名的化妝品品牌合作，並且通過這樣的合作，為更多的女性朋友帶來快樂。今天的化妝行業，一個化妝師有多少追隨者，能影響多少人，這在社交媒體是必須要考慮的事情。

2015 年以來感到的低沉，因為尋找到新目標而一掃而空，更被一種躍躍欲試的勁頭鼓舞，感到自己要迎接社交媒體的新時代。隨着移動互聯網技術的發展，美容 APP 等視覺性的網絡應用越來越受到重視，每個人都要培養資訊活用能力，比如任何利用 PR 工具吸引粉絲？哪些內容適合上載到網絡、哪些

不適合？這些都要考慮清楚。雖然惠美小姐本職是化妝師，但作為活躍的創意人士，必須要根據消費者的需要，思考和採用不同的策略。現在，自己雖然在化妝行業有一些名氣，但惠美小姐想被更多的人認識，不僅被全世界的同行認可，更被自己身邊的人所喜歡。那才真是夢想成真的感覺了。

勇氣是我的個性

現在作為妻子、作為母親的惠美小姐每一天都很忙碌，她說只有在香港，才能有這樣充實的生活節奏。惠美小姐覺得這就是香港的好處，在工作的時候，能切實體會到它的好處。雖然地理空間很狹小，但出租車相對便宜，地鐵、巴士編織而成的交通網絡十分便利，在一天完成四五個工作是很普通的，而這樣的事情在紐約或者東京是無法做到的。再加上香港人注重效率，做甚麼都很迅速。在日本的話，無論做甚麼一開始要做計劃，從計劃開始逐步推進的感覺。惠美小姐已經習慣了香港的工作節奏，所以偶爾與日本人共事的話，感覺到蠻新鮮的。香港的組織力真是很讓人吃驚。這次的卡地亞秀在兩周前才決定，這在日本絕對是不可想象的事情。

日本和紐約通行的化妝師經紀人制度在香港並不普遍。對

惠美小姐為香港芭蕾舞團季度宣傳的作品，備受好評。

於全靠自己的能力爭取到客戶的初入行者確實是艱苦的。所以在這一行發展，惠美小姐認為培養一定的商業頭腦很重要。惠美小姐當年有一位馬來西亞助手，後來自己做化妝師，但她沒有主動聯絡時尚雜誌編輯的意識，就算苦苦等待，也等不到工作上門。惠美小姐覺得與其這樣被動等待，不如主動創造機會。當年她拚盡全力尋找各種機會，在沒有經紀人的情況下建立了自己的網絡。現在的惠美小姐也沒有經紀人，「我就是自己的經紀人啊！所有的事情自己決定，不會被經紀人收取費用呀。」

化妝的工作之外，惠美小姐也做其他一些工作，再加上照顧孩子，每一天都要忙到很晚，真的是沒有甚麼時間休息，每一天都好像打仗一樣地過去。好在香港有家傭幫手，這樣打仗一般的節奏，每一天也能夠順利地度過。

現在做的工作是受朋友的委託，需要很多跟進的工作。這和惠美本小姐職的化妝師工作很不同，化妝的工作一旦結束就不需要再花費心思了，雖然蠻辛苦，但因為是自己的夢想，是富有創造性的工作，所以不覺得有甚麼壓力。而另外一份是讓自己回到現實、體會到現實感的工作，光是平時的跟進已經覺得蠻不容易。過去 18 年間一直做化妝的工作，這是久違地做辦公室的工作，這下真正體會到大家所說的「辛苦工作」的意思。

其實不僅僅是日本，全世界都如此，以自己想做的事情為

工作，絕大多數人都不是如此吧。一對一為客人化妝時，有時也和她們交流，律師呀，金融界從業者呀，從事着這些很光鮮的職業的人當中，原來有不少很羨慕惠美小姐。這一點真是出乎她的意料。為了生活而工作、不得不將自己的興趣暫時放下的人，應該不在少數吧，這讓惠美小姐更為能從事自己喜歡的事情而充滿感激之情。從事有創造性的工作的，多半是出於自己的興趣才，所以並不會覺得有任何壓力。

　　從酒店工作轉向職業化妝師的道路，我請惠美小姐分享關於成長的建議。無論甚麼樣的事情，惠美小姐覺得多做嘗試是一個不錯的開始。「我自己就是從興趣開始，最終將興趣成為自己的職業。最初對很多東西都很想嘗試吧，好像小孩子一樣，這也想做，那也想做，各種嘗試之後找到自己最想做的事情。聚焦自己想做的事情，投入心力。出於興趣、以興趣始、以興趣終。有了這種興趣，人生才有樂趣。從這個角度，為了興趣而承受的壓力，也覺得是人生不可欠缺的一部分了。否則沒有壓力，便感覺不到活着的樂趣了。」所以，為了自己的理想而付出的努力，與其是困難，她更願意將其視為一種挑戰，所以一點兒不覺得苦。

　　因為是自己喜歡的事情，在面對困難的時候，頭腦中反而非常清晰，就是朝着一個目標努力。2015 年有一段對於前途

感到非常灰暗的時期，這樣下去就可以了嗎？是不是要找一個大公司就職更好啊？很多困惑。恰巧那個時候開始在 Youtube 上做視頻，以此為契機，又開始做工作坊的事情。以前都是以提供創意的身份，現在變成傳授創意的身份了，意識到這一點，惠美小姐發現自己很喜歡教學的工作。她說自己是一個不會用「現在已經太晚了」的藉口限制自己的人，任何事情，只有自己去做、去嘗試，才可以自己尋找到答案。比起覺得自己不行，大膽去做不是更好嗎？28 歲才去上化妝學校、29 歲生日那天為自己的前途而哭泣，整晚在淚水中問自己：「這樣真的可以嗎？」那個時候看不到前面有任何希望，但也就是在那一年，惠美告訴自己「你必須要做到！」正是靠着這樣的天性，她走到了今天。

以前，惠美小姐對成為一名專業化妝師充滿激情，現在的她意識到向有興趣的人傳授專業，是自己新的熱情所在。從教學中獲得的滿足感，讓惠美小姐找到新的方向。

採訪過程中，我不斷被惠美小姐身上散發出的熱情和能量所吸引。當她談到未來方向時眼中閃爍的光芒，與當年在香港擔任巴士導遊、為遊客們介紹香港的風土人情、歷史文化的媽媽的目光一樣閃亮吧。

訪 談 後 記

　　與惠美小姐的初次見面，是為了拍攝個人寫真時，我拜託她幫忙化妝。面對在相機面前動作生硬，怎麼也擺不好姿勢的我，惠美小姐不僅幫忙化妝，還指導我如何擺姿勢，給人一種落落大方、氣質出眾的印象。交談下來，發現我們不僅是同齡人，而且同為兩個孩子的母親。

　　再次見面時，與初次見面的印象一樣，洋溢着多元化氣質的惠美小姐又是一位非常率真的人，當她吐露自己曾經經歷過人生低谷的時候，又讓人多了一份親切感。對惠美而言，從低谷突圍而出的方法，是迎接新的挑戰。

　　總之將能找到的雜誌都買下來，將工作做起來，將拍攝的化妝視頻發佈到 Youtube 上，懷着天性的勇氣和想法，惠美小姐為自己的事業了闖出前路。她說為了他人而努力吧，看到對方綻放的笑容，就會更起勁地工作。

　　將眼前的事情做好，從最微小的事情開始，實現成為化妝師的夢想，現在惠美朝着成為著名化妝品牌協作伙伴的更大夢想在努力。

　　相信懷抱着夢想的自己，坦率地說出自己的夢想，不僅僅為自己，也可以為世間的人們而努力。我再一次從這樣的惠美小姐身上感受到澎湃的能量。

　　「想讓周圍的人和自己都感受到快樂。這種勇氣就是我的性格。」

　　說着這些話的惠美小姐的側顏，真是異常的動人。

インタビューを終えて

　めぐみさんに初めてお会いしたのは、写真撮影のためのヘアメイクをして頂いた時。カメラの前で全くポーズが取れず、ガチガチだった私に、メイクだけでなくポーズ指導をして下さり、とにかくサバサバしていて、とっても格好良い女性というイメージだった。聞けば、同年代で、私と同じ働く二児のママ。

　初対面の印象と違わず、彼女は、バイタリティーに溢れた真っ直ぐな人。そんな彼女でも、落ち込むことがあると吐露してくれて、更に親近感を抱いた。突破口はいつでも、新しいことへのチャレンジ。とにかく雑誌を買い漁り持ち込み営業をしたり、YouTube で動画配信をしたりと、持ち前の勇気とアイディアで、キャリアを切り開いてきた。また、誰かのために働いてみて、その笑顔を見て、もっと頑張ろうと思えたと言う。目の前の、小さな出来ることから始めてみたという彼女は、現在、大手の化粧品メーカーとのコラボという、大きな夢も描いている。

　夢を持って自分を信じること、率直に自分の夢を語れること、そして自分のためだけではなく、誰かのために動けること。これらは、本当に大きな力を生むと、改めて感じた。

　「周りも自分も Happy にしたい。この勇気は私のキャラクター。」

　そう語った彼女の横顔が、とても美しかった。

第七章

咖啡店主、甜品師：松岡哲也

受 訪 者：松岡哲也

職　　業：咖啡店主、甜品師

訪問日期：2019 年 10 月 30 日

簡歷：

2001 年 -2007 年　　長崎、福岡學習糕點製作。

2007 年 -2012 年　　東京 追求演員事業。

2012 年　　　　　　香港 展開模特工作。

　　　　　　　　　同時在香港擔任 Sweets Rococo and Cafe
　　　　　　　　　的甜品師。

2014 年　　　　　　在香港開設 Cafe Life。

2018 年　　　　　　開設第二家 Cafe Life。

　　　　　　　　　同時在廣州 K11 開設 KNOT KNOT 甜
　　　　　　　　　品店。

2020 年　　　　　　在廣州、深圳開設四家店舖

　　　　　　　　　同時計劃在香港開設第三家 Cafe Life。

穿梭於香港及內地的松岡先生既打理着幾間咖啡店，又兼顧作為甜品師的事業，算是一位多面手。

　　他出生於長崎的五島列島，被山海環繞的自然之地，歷史上也是一個與天主教淵源深厚的地方。成長於豐饒之地的松岡先生身高 181 厘米，面容俊逸，聽他講述充滿異域風情的故鄉，我的眼前浮現出一個白衣少年在矗立着潔白教堂的綠色山丘上奔跑的畫面。

　　擁有一副精緻五官的松岡，在日本時是著名演藝公司旗下的演員。究竟是甚麼原因，令他從演員搖身一變成為甜品師和在內地與香港都擁有咖啡店的老闆？我決定問個究竟。

演藝是人生的磨練

　　在加入演藝圈前，從 18 歲高中畢業到 24 歲這 6 年間，松岡先生都在家鄉九州磨練做西餅的手藝。問起他當初是否一心想成為全職甜品師，他說一切緣起於高中畢業時，原本對前途沒有任何計劃的他在恩師介紹下獲得的一個工作機會。

　　畢業時老師問他有甚麼打算，「我其實挺喜歡甜食，特別是西式蛋糕。」松岡隨意回答，沒想到老師卻介紹他到一間甜品店做學徒。就這樣，松岡高中畢業後開始到甜品店工作，並漸漸對製作西餅產生了興趣。

　　有一天甜品店收到一間酒店的工作委約，要為一個模擬婚禮製作蛋糕。酒店同時在找飾演新郎的人選，當酒店職員碰到松岡時，就看中這位蛋糕少年。可惜松岡先生對此不感興趣，當即拒絕了對方邀請。對方特地到甜品店說服老闆，最後老闆對松岡發出作為任務而必須完成的命令。模擬婚禮當天，恰巧有福岡的模特兒公司在場，在對方邀請下，當年 19 歲的松岡先生正式作為模特兒出道，開展事業新一頁。

　　松岡先生憶述說自己當時對這個職業並不感興趣，也從沒有過要當模特兒的念頭。與其說懷着滿腔熱誠一路走來，松岡認為到目前為止，對於隨遇而安的他，要多虧身邊不同人的幫

助。「直到現在的人生大都是這樣的，自己沒有刻意去訂立非常明確的目標，很多時候是被身邊的人牽引着走向好的方向。」

　　加入模特兒公司後的松岡要兼顧甜品店的工作，每天忙碌得只剩下兩三個小時的睡眠時間，還必須完成需要整天站着的模特兒工作。工作量超大的聖誕節期間，他試過從早上七時起一直忙到翌日早上六時，那個時候就在焗爐前暖暖身體，休息幾分鐘，再起身工作。

　　24 歲的某天，松岡忽然被想要當一名演員的念頭擊中了，於是他決定找社長商量去向問題。沒想到社長十分支持松岡，不但鼓勵他到東京發展，還向他推薦了 Amuse 演藝公司。當時的松岡對 Amuse 作為日本大型演藝公司的地位尚一無所知，他連住處也沒落實，帶着兩套西裝，就這樣隻身踏上了東京之路。

　　Amuse 在日本可謂數一數二的超著名演藝公司，旗下有福山雅治、深津繪理等眾多在日本具代表性的演員和藝人。有多少人懷着成為演員的憧憬一直叩門，卻徒勞無功，Amuse 的大門最終沒有為他們而開。可是，對 Amuse 並沒有膜拜到那種地步的松岡卻順利地加入了該公司，從 24 到 28 歲一直在 Amuse 旗下擔任專業演員。他曾經以組合的形式演出舞臺劇，也在廣告中與擔任主角的著名女演員演對手戲。受惠於 Amuse

的影響力，松岡在公司旗下如佐藤健等人氣演員的劇集中也獲得過演出機會。我第一次與松岡先生見面時，總覺得曾經在哪裡見過他。現在我明白了這並非錯覺，而是的確若干次在各種媒體上見過他。

經過了三年演員生活，踏入 28 歲的松岡內心浮現出這種想法：「要一直演下去，大概應該不會如想像般容易。」

作為演員，一邊不斷在腦中思考，一邊卻要自然地演繹，並不是件容易的事。演繹時的任何一個動作，眨眼、點頭等細節，都必須逐一用心計算，時間掌握上稍有偏差，會左右到感情的流露，也會對接下來的演出有影響。有些演員可能是全部準確計算後的表演，有些可能是自然的演繹，對松岡來說這些都是非常了不起的演員。當然，運氣也不可或缺。演藝圈就是一個必須運氣與實力兼備才能存活下來的世界。

「可能有不少人都憧憬成為一名演員，又或是在電視看到演員的表演，不免會想像自己應該也能做到。不過，我發現真的沒有那麼簡單，甚至比我所經歷過的任何事都要來得困難。若果被問起人生中最難的事，我相信我會回答是演戲。」

邊當演員邊到六本木酒吧上班的松岡，某天突然受到一位來自香港的客人邀請：「要不要來香港當模特兒？」那一刻的松岡覺得這個提議頗為有趣，就這樣決定了到香港去。當然演藝

公司也有挽留松岡，但那時的松岡早已對日本的演藝工作沒有留戀，雖然留在日本繼續拍戲的過程是快樂的，只是想到要去香港的興奮莫名的心情，已經足夠讓松岡做出最適合自己的選擇。同時松岡內心也有一種渴望，是否有機會在香港繼續自己對甜品的興趣？雖然身為演員，他餘暇時也為朋友製作蛋糕，深切感受到自己對甜品的熱情。

就這樣，以香港模特兒公司的邀請為契機，松岡於 2011 年來到香港。這時的他並非一定要到海外或是香港發展。雖然沒有一個具體目標，但相信自己直覺的松岡先生，在身處環境之內，正竭盡所能，一步步走向一個新的未來。

前往香港開拓新未來

來到香港的第一年，松岡以模特兒工作為主，也創辦了烘焙教室。教室借用銅鑼灣 Wired Cafe 的地方，為在港日人的家庭主婦提供母語教學。教室越來越受歡迎，也吸引了飲食業的學生來上課。以此為契機，Wired Cafe 的老闆向松岡提出邀請，希望他能夠承擔店舖的統籌工作。

2014 年，剛好 30 歲的松岡在元創方開設了 Sweets Rococo & Cafe 及 Cafe Life 一號店，然後 Cafe Life 二號店也於 2018 年

在上環誕生，再接着是內地的分店。現時松岡分別運營着位於香港的兩間和內地的三間店舖。忙於店內事務的松岡雖然仍保持模特兒身份，但再無閒暇承接這方面的工作。

來到香港，對松岡最為深刻的，是這裡大家做事下決定的爽快感。他本來是會再三考慮的人，哪怕最後會做出同樣的選擇。在這種處事氛圍下，「比起用頭腦，靠身心感覺所做出的判斷更值得信賴。」他說，香港是個很有行動力的地方，不管結果如何，先試着做，「不行的話，再修正就是了。」

在日本決定開一間店時，大家會先考慮出現危機的各種可能性。但隨着討論時間拖得越長，熱情慢慢冷卻，有好幾次計劃就是這樣無疾而終了。「日本人習慣最初都不向好的方面設想。而香港人的厲害之處就是盡往好方面想（笑）。」就按這個概念去做！就這樣吧！「我很喜歡這種正面、樂觀、充滿能量的幹勁，當然，在獨處時，我也會冷靜思考如何改善不順利的地方。」

香港的熱情與衝勁，交織着松岡的冷靜與理性，可能就是成就事業的重要因素。

松岡來到香港之後，深深感受到這裡是一個接受性很高的地方。世界各地的好東西都能夠被引入這裡。而換個角度來說，松岡也感受到香港有一種很難去設法自己做出好東西的文

化。比如現在一起共事的夥伴，都是為了磨練技藝，希望在一種良好的氣氛下精益求精的同道中人。可是，以「做甜品很辛苦啊」等為理由從這裡辭職離開的人也不下 10 人，公司雖然很願意培養他們，但對方卻安於現狀，最終都是因為覺得太辛苦而離開。

「在香港，實在有太多質素好的東西從外地輸入。想要好東西，買就可以了，沒有必要堅持由自己雙手去做。這種文化已經紮根。」松岡先生說道。在日本，為了培植出最美味的葡萄，大家會去努力鑽研；各個雞蛋生產業者都會把自己的貨品跟其他供應商的做比較，研究如何去提升質素。由於職人們都由衷地欣賞這份努力，他們甚至會團結一致，傾力做出美味可口的蛋糕。

倒過來說，松岡認為培植水果的農民若是想把商品出口到海外，可以香港為首選目標。除了地理位置較為鄰近日本，香港消費圈很樂意採納高質素的商品，對農家來說，這裡是理想的第一步。

「與香港人一起工作，偶爾會感受到他們沒有把自己盡力推到極限的狀況。同時我也漸漸理解到在香港長大的人，承受着高昂的房租，就算如何努力，也有不少人無法擔起那份租金。在香港，富裕階層能夠一生富裕，普通人雖然抱有夢想，

社會提供的機會並不多，而且也比較難找到背景相近的人生榜樣，所以常常不得不從一開始就放棄，很難以渴望實現的心情去追求夢想吧。『反正也不是很想要很多錢，反而想多一點自己的時間。』懷着這樣的想法，從一開始就沒有把目標訂得很高的年輕人為數也不少。」

聽說松岡先生與現在的工作團隊成員合作都超過了三年時間，正因如此，只要是目力所及的範圍，松岡都想盡力去幫助團隊成員成長。在一家公司工作一年後轉到另一家公司，一年後再轉到下一家公司，在松岡的經驗裡，這種求職模式是香港飲食業界內普遍遵從的事業攀升方法。在日本的話，要工作一年後才可以在下一年回饋公司。哦，不，一年時光太短暫，很多職人抱着至少需要三年才能學到技能的自覺，明白至少三年之後自己才進入真正能為公司貢獻的階段。特別是在需要不斷重複的蛋糕製作這一行，練習需要花上不少時間，一兩次的成功並不保證往後也能穩定地做出同樣質素的蛋糕。

「共事的員工願意一直堅持下去，我猜原因可能是還沒辦法超越我吧。雖然反覆地做，還是我做的比較好看哦。」松岡笑道。因此，除了會向員工示範做餅的方式，松岡也會特意重複地問：「為甚麼還做不出像我這樣的品質？」松岡明白這會惹人討厭，但他更希望以此激發員工們磨練手藝，在作品中展現

自己的技術。

在一間店舖工作一年，藉此收集店舖的所有製作工藝和配方，然後辭職轉到下一間店舖工作。松岡認為以這種方法根本無法達到成功。不同的店舖，從焗爐等器材到環境各不相同，比如新的攪拌器打進的空氣量不同，製成的奶油質感也不一樣。而這是不經過反覆練習無法掌握的技術。要掌握這種因應環境變化的技能，絕對需要長時間的練習和打磨。

松岡在中國內地開設了三家店舖，他介紹說三個店使用的焗爐在操作時都有不同溫度，即使是同一間供應商提供的同一款型號也會有細微差別，例如焗爐零部件的鐵含量不同，火力會不同，使得頂部與底部火力之間產生輕微差異，第一次碰到這樣的問題，讓松岡累積了新的經驗。

「這正是我希望員工用心學習的地方。以後如果員工到新公司上班時說曾經在 Cafe Life 上班，我不想從自己店裡走出去的員工被新老闆認為不夠專業，不想被人感覺 Cafe Life 的蛋糕沒有水準。在離開之前，我希望他們經已能夠獨當一面。」

有時候，松岡會對店員說出「這個蛋糕你覺得會受歡迎嗎」等讓人感到不是滋味的話。他認為一家店的經營全賴顧客支持，為了對顧客負責，作為職人必須習慣有話直說。那是松岡在福岡一家著名的甜品店—— REVE DE BEB 當學徒時領會到

的。我在 REVE DE BEBE 主頁上看到「通過甜品的『心之緣』」的字眼時，明白了原來這就是松岡先生走上甜品之路的原點，由此感受到松岡先生努力向周圍人傳達這真諦的熱誠。

「『我在未來一兩年間會耐心地教導你們，然後你們就可以畢業了。』現在我已經不再向員工表達這種說法了。因為我意識到如果對他們不夠嚴謹，他們會容易變得鬆懈。香港人頭腦靈活，不其然就會傾向於比較輕鬆的做事方式。假如放手任由他們去做，員工們就隨意按照自己的方式做事，例如省略為蛋糕塗上啫喱等步驟。就在甜品師怠慢的那一瞬間，蛋糕就失去了它的價值。」

日本當季水果的味道

最近，松岡在內地的咖啡店與甜品店的生意發展不錯。他認為內地於某程度上跟日本頗為相似。日本的生產業者，不論對雞蛋或是牛奶，都會抱有一份希望做出最高質素的強烈意慾。內地業界現在也抱有親自打造優良品質的心態，這點跟日本可謂不相伯仲。內地另一個與日本相近的地方，就是基本上很少從國外輸入原材料。在內地製作西餅，必需在當地安排好材料，基本上是不會從日本輸入的。這個觀念在松岡於內地率

松岡先生引進日本
時令鮮果味道，由
日本桃掀起熱潮，
其後的香印提子及
櫻花系列，都大受
歡迎。

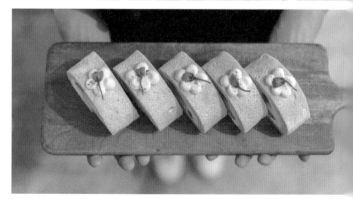

領的近 70 人團隊當中也很普遍，有不少年輕人跟日本人一樣，對學習新的知識與技能抱有極大的渴求。

另一方面，松岡也感受到內地與日本的不同，日本客人的抱怨多數針對店舖的衛生情況和店員的服務態度，在食物方面，儘管對食物有不美味、過甜、過鹹等意見，但不會因口味而投訴，反而會覺得那僅僅是該店主或是主廚製作的口味跟自己個人喜好合不來，所以客人不會特意跑去店內釋放不滿，而會轉去尋找能夠製作出適合自己口味的心儀店家。松岡表示，在日本，客人明白店主、甜品師有他們堅持的地方，不會對此有很大反應。而在店家方面，接到客人投訴，就算有能夠調整的部分，但是出於對烹調的執着，很多店家會選擇堅持製作自己的味道。

相比之下，在內地有時會出現「法式千層酥的奶油過於濃稠了，根本不能吃」這類型的投訴，對此松岡的反應是「怎麼會呢，法式千層酥本來就是這種質感啊！」而實際上蓬鬆化、口味輕盈的千層酥在內地較受歡迎。就算考慮過當地人的愛好，松岡也會因為個別客人的口味而收到投訴，這讓他更為吃驚。他笑稱從客人投訴裡理解的文化差異，讓他覺得很有趣，也會思考如何提供更適合本地人的品質和服務。

松岡指出，觀察香港和內地甜品店的陳列，會發現有一個

與日本的很大不同，前兩者的櫃子裡一定擺放着慕絲蛋糕。慕絲文化盛行於香港和內地，是由於這類蛋糕製作相對簡單，不論誰來做失敗機會都很低。好像乳酪蛋糕，只要根據食譜上的步驟，在家裡也能做到美味可口。有見及此，松岡會特意集中制作對技術要求更高的烤焗款式蛋糕，而且正計劃未來多設計和出品代表他個人特色的烤焗款式蛋糕，以為顧客帶來新的品嘗體驗。

松岡出品的另一個特色是用日本時令水果製作的風味蛋糕，他想將看一眼就明白的那種清新可口感覺直接呈現於客人面前，而在各種製作方式中，以用上整個生果的款式最能博得食客歡心。這股熱潮首先由日本桃帶動。單是去年松岡店裡就使用了超過四千個桃子。之前以櫻花葉與豆蓉做成的蛋糕也迎來一波小爆發，當時松岡在店內佈置出櫻花樹的擺設，希望為客人帶來春天的感受。

把季節元素加入蛋糕與店內佈置這概念，是松岡最感自信的地方。關於靈感，松岡說會自然地浮現於腦海中。訪談時正值香印提子的收成時節，松岡先生告訴我：「一邊思索着『用香印提子能夠做出多少款蛋糕？五款嗎？配上生乳酪如何？』，一邊完成食譜的構思。」其實，靈感會常常湧現，就算坐在酒吧裡喝着雞尾酒，也會有不同的想法：「原來這樣配搭能產生

出如此和諧的味道。」

　　人的舌頭，本來就是以不同位置去感受辛辣、苦澀、甜味等多種味道。對食材組合的執着使松岡在餐廳用餐時也會細心留意。「假如一款蛋糕能夠提供三種味覺感受，大家會很感興趣，無論喜歡三種味道中的哪一款，都能被『先來這種味道，再來第二種味道，隨後是第三種』的體驗所驚喜，就算是甜品，辛辣和苦澀也可以成為味道的重點。最近我在內地嘗試製作的芝士蛋糕，就嘗試用上松露油及黑松露，再配上洋梨的做法。」

　　芝士、松露、洋梨這個配搭，聽上去無法不美味。不愧是松岡先生，目前為止沒有聽說過的，甚至也沒有嘗試過的組合，在他手中變得如此理所當然。為了吸引小孩，松岡先生還特意加入浸過糖漿的洋梨，他說未來還會嘗試將白酒融合入甜品的作品。洋梨配白酒，聽上去就是一個既合拍又精緻的組合。

　　我到 Cafe Life 採訪的那天，店裡來了一位亞洲女性，她點了三款蛋糕，隨後在窗邊的位置做好，擺出各種甫士，與她同行的男友人在店外架好相機，隔着玻璃窗從不同角度為她和桌上的三款蛋糕拍照。他們拍了好一陣子後，才坐下來享受蛋糕。這幅畫面深深地印在我記憶之中。

　　相比起蛋糕的視覺效果，一般的甜品職人更傾向於着重味道。對此，曾經有演藝經驗的松岡對於如何展現自己的作品有

着一套獨特的思考：「可能拚命學習製餅的六年裡，從演藝圈汲取了經驗，讓頭筋變得更加靈活吧。」因此，在推出櫻花蛋糕後，除了味道，松岡也開始學會在視覺效果上花心思。

比如說，他觀察到大家喜歡粉紅色。可是單靠果泥的話，粉紅色效果不理想，而且焗製時淺色部分會褪色，需要用上少量紅色食用色素做補色。不過，基於職人的標準，松岡非常拒絕使用人工添加劑，他選擇加入適當的食用色素提升賣相，結果客人的反應亦異常熱烈，櫻花蛋糕一炮而紅，其後桃子系列更是大受歡迎，到了蜜瓜季節也相當吸引。

松岡表示，「季節鮮果系列」曾受到其他經營者的青睞，他們希望向松岡購入蛋糕再直接向外銷售，被松岡拒絕了。對他來說，作為一名成功的糕餅師，他更要思考作為甜品店經營者的責任：「堅持作出本店的品牌，才有意義。無論如何我要在自己的店裡主理所有出品。」

有客人希望松岡的店全年都提供桃子蛋糕，面對這樣的期望，松岡堅持既然是季節款式，就必須只選用時令水果。同時他想通過自己的堅持，向客人傳遞出等待自己鍾愛的蛋糕也是一種樂趣的用意。

就算創造出人氣商品，仍會用心鑽研、繼續改良食譜，這正是松岡流的特質。不會輕易滿足的松岡不斷思考着如何令

蛋糕變得更美味，如何持續地提升食譜的質素，他創造出的蛋糕，蘊藏着隨季節交替而變化的味覺體驗。夏季，松岡把滿滿的檸檬加進芝士蛋糕；冬季，他會刻意減低酸度，製作甜度十足而又濃鬱的巧克力蛋糕。這些微妙的味覺變化靠的正是松岡對季節變化的體會。

話雖如此，松岡也承認自己在做這些時必須特別謹慎。因為食譜的調整原意是希望蛋糕受到更多客人的喜歡，但同時難免會聽到反對聲音。收到客人負面回應應該是蠻傷人的事情吧，為此，對出品有自己原則的松岡先生並不會退讓，但會以較為柔和的方式靈活應對客人的需要。季節的味道，產品的創新，客人的反應，如何在這三者之間取得評核，就是松岡先生一刻不停在思考的。

工作夥伴的羈絆

「無論如何也不能離開這個行業了。」松岡說出這句話，背後還有一個理由，那就是甜點、蛋糕，總是出現在快樂喜慶的場合。大家到甜品店買蛋糕，很多時候是為了一個慶祝的日子：生日、紀念日、聖誕節等。就算在陰雨的日子，或是不怎麼順心的某個下午，松岡總能看到來店內選購蛋糕的客人流露

讓客人可以在品嚐後說出「美味」，是松岡的目標。對他來說，再沒有其他
工作可以讓他擁有同樣的滿足感和喜悅。

着一臉幸福。「客人們不會懷着不悅的心情光顧甜品店，這讓店內無論何時都漾溢着幸福的氛圍。」

　　常客的支持也是支撐松岡先生經營甜品店的動力之一。聽說有的客人一周會來四次，為的是一邊喝咖啡，一邊品嚐新鮮出爐的鮮奶油瑞士蛋糕。當年在演藝圈工作，有機會感受到與觀眾的互動，經營甜品店後，松岡先生認為與客人之間更為接近。聽到客人說出「美味！」得到客人的認同變成他的目標。一天裡能夠一次又一次感受這份滿足感，對松岡來說，沒有甚麼工作能讓他擁有同樣的喜悅。

　　當然，工作也並非盡如人意，經營甜品店的這五年裡其實可謂困難重重。「每年總是期望下年度可以變得輕鬆一點，但結果總是在忙。」松岡面帶笑容說道。2020 年有開更多店的計劃，意味着松岡先生會更加忙碌。在內地時專注內地的事情，回到香港就把香港要解決的問題放到首位。沒有歇息的閒暇，即便放慢腳步，也要繼續往前走。面對困難時，回想曾經克服困難的片段，再集中於眼前要處理的問題，這是松岡先生時刻謹記的要義。這個下午，在店裡忙碌的松岡先生一邊時刻留意店內的情況，一邊和我舒暢地交談，一絲不苟地聆聽問題，再耐心專注地回應我的問題。

　　松岡先生在香港經營咖啡店的這數年間，感受到香港和台

灣的咖啡店文化已經達到相當高的水準。與此同時，日本的咖啡店在引領潮流文化方面仍擁有足以為傲的優勢。他試過快速走訪京都、神戶的咖啡店，比如早前到訪開設在西式糕餅界中享有最高地位的港口城市神戶的 Patissier es koyama，這是一個與甜點和咖啡相關的多種體驗的複合式空間，闊落的園地內開設了包括生日蛋糕專賣店、咖啡店、朱古力店、麵包店、十二歲以下兒童專門蛋糕店、西餅教室等多個店舖，彷彿一個甜點主題公園，超乎想像的設計和佈局讓松岡先生大開眼界。為了勝任職人與經營者兩個截然不同的身分，他需要偶爾轉換一下角度及立場，去領會當中的精髓。

現時松岡先生與一位香港夥伴合作經營在內地的生意。二人相遇於松岡先生的第一間咖啡店 Sweets Rococo & Cafe 開業不久那段時間，這位生意夥伴當時是在店裡學習的員工。他給松岡先生的第一印象是勤奮上進，總是專心致志、默默地快速完成被委派的工作，出色的工作態度讓松岡先生至今仍記憶猶新。大約半年後，Cafe Life 在元創坊開張，當時的松岡先生對咖啡可說仍是新手，而在上環濃厚的咖啡文化中要闖出一片天空，並非容易之事。當時這位弟子正在這一區從事咖啡相關工作，他帶着不少業界友人到店裡協助松岡先生，教授他如何使用新型咖啡機等知識；在自己舖頭休息時友人們也會到 Cafe

Life 來幫忙。全賴這位弟子及友人們伸出援手，松岡先生渡過了開業首半年最艱難的階段。松岡先生很想答謝這位弟子，對方卻以曾經有半年時間承蒙松岡先生教誨為理由而堅決拒絕了。當時的松岡先生說：「假若日後有甚麼困難，請務必告訴我，讓我有機會報答你。」兩人就此道別。沒想到一年後這位弟子在內地開設了一間約有一百席座位的餐廳，他向松岡先生提出希望得到協助：「餐廳只有我一個人，實在沒有辦法指導所有員工，所以想請你幫忙。」就這樣，松岡先生親自到餐廳向員工們教授蛋糕製作，並為餐廳設計了多款蛋糕，款式之多幾近擠滿整個陳列櫃。「這是回報你在元創坊 Cafe Life 時對我的幫助。」松岡先生亦像弟子當年一樣，沒有接受任何謝禮。

當時的松岡先生希望未來能夠有機會跟這位弟子一起聯手合作。三年後，隨着 KNOT KNOT 在內地誕生，這個願望終於實現了。之後，雙方秉持着「不言放棄」的精神，作為生意夥伴一同為品牌奮鬥着。二人都欣賞對方的技術和人品，在時間的見證下，漸漸建立了穩固的互信關係。

因為工作關係，現在的松岡先生經常需要和內地人溝通。我問他對此有何體會，沒想到他的回答令我有點意外。

「在店裡工作的員工英語程度是零，而我的中文程度也是零。雖然全靠手勢、動作等身體語言溝通，但是很享受哦。語

言，只是最容易被對方理解的方法。在海外生活，讓我領會最深的是：『就算沒有語言，要傳達的訊息還是能夠傳達得到。』語言只是最終手段，而不是最初手段。」

對以教授語言為職業的我來說，這番話足以讓我再三思量，這大概正是語言教師們更應該思索的問題吧。單靠語言的溝通是無法順利進行的，語言決不是萬能，我們更不可對它過分依賴。

松岡跟現在的生意夥伴是在他不通英語時認識的。當初二人之間的溝通全賴網上翻譯裝置。隨着工作關係逐步加深，二人偶爾會到蘭桂坊聊天暢飲，松岡的英語能力亦逐漸提升。松岡認為語言雖然並非必要，但抱持着勇於嘗試的心態則非常重要。

「『很難想像到海外生活。語言始終是一道屏障。在那裡沒有認識的日本人，真的沒有辦法。』偶爾會聽到這類意見。不夠其實只要有勇氣嘗試，這並不是一個問題，畢竟對方的英語水準也可能沒有你想像中要好。」而且以英語作為母語的人數也是有限，倒過來說，對於大部分人英語也是一種外語。「不要只依賴語言，透過動作等身體語言，也能好好傳達意思哦！如果必需要等到語言到達完美水準才行動，到頭來就會發覺錯過很多相遇的機會，而且沒有面對過甚麼挑戰，人生就這樣過去了。」

「到現在，我也並非說得一口流利英語。」松岡說道。「沒有所謂的完美外語程度。不過，現在和我身邊的夥伴，拍檔也好，員工也好，大家都能夠從心底裡互相信賴。舉行會議時，可能會多花一點時間，但是互相都會努力去理解對方，瞭解對方。所以語言只是最簡單的、讓雙方彼此理解的一種方法。」

松岡先生這番話，讓我再次理解到言語以外的表達方式，也是溝通之中的重要因素。今天，這段話仍猶在耳邊。不靠語言，但又被語言支撐着，這聽上去頗為矛盾的說法，難道不正說出了言語與交流之間既相互支撐、又相互制約的關係？只要心裡有想向對方傳達的感受、渴望傳達的事，肯定會克服言語這道屏障到達對方內心。我覺得世界上沒有一種大家都可以完美掌握的共通語言，但我們確實都在被言語支撐着──這一難以否認的事實。

同時，松岡覺得能夠見證到日本的事物被外國文化所接受的那一瞬間，是讓他滿心歡喜的一件事。例如在日本廣受歡迎的鮮奶油瑞士卷，在海外並沒有那麼高的人氣。當客人詢問店裡的推薦品時，松岡常向對方推介以日本鮮奶油忌廉跟日本雞蛋新鮮製作的瑞士卷，但最後客人多數會選擇其他類型的烤焗蛋糕。不過，最近特意為鮮奶油瑞士卷和草莓蛋糕而來的客人人數有所上升。松岡坦言近期有不少客人來買綠茶鮮奶油瑞

士卷作為生日蛋糕，令他十分振奮。「抹茶maccha」這個日文單詞，也是透過西餅和糖果傳達到不同地方，才被不少人所認識。感受到日本文化被外國所接納，是讓松岡既高興又自豪的事情。

自從來到香港，松岡覺得日本也有很多方面需要向不同地方學習。例如，不少客人在離開甜品店時都會隔着櫃檯對松岡說：「這裡的咖啡，味道真好！」「蛋糕很可口哦！」「這是在香港吃過的最好吃的牛角包！」每天的手作牛角包得到客人由衷的讚美，簡單的一句感謝令松岡所有的疲累都一掃而空，松岡希望日本也能夠將這種讚美他人的文化廣泛傳達開來。

每個地方都存在着各種好與壞，離開國家後才首次明白的事，以前在日本並未曾瞭解到。只留在日本的話，沒有機會發現，也沒有打算去探求。「日本擁有很多值得欣賞的地方。踏足海外，能更好地瞭解日本好的地方，同時也可以看到有甚麼不足之處。瞭解到國家的優缺點，讓我更加喜愛日本。

未來的未來

訪談中，我向松岡先生問及今後業界的發展方向。他解說道，日本的甜點業界基本上處於「必須持續做出最優秀的產品

才能確保存在價值」的狀態，競爭可說十分嚴峻。正因如此，在日本的價值觀裡，每天工作到深夜三時、縮短睡眠時間，幾乎是業界的常態。松岡在日本時工作過的那家著名甜品店，這種思維模式早已浸透到每一位員工，並且徹底執行着。

可是，隨着時代變遷，如果員工超長時間工作，雖然員工本人未必會投訴，但是他們的父母會向相關部門舉報。為配合時代轉變，近年來日本業界積極推動機械化生產模式。特別是在定位上不追求產品質素達到頂級水準的店舖，近年來越來越多經營者導入機械化生產並且做出了品質令人滿意的糕餅。

另外一種情況是，經營者本身並非西式糕點的專業人士，他們不聘請職人，而是以大量的機械化生產滿足一般消費者需求。例如出產雞蛋的農場以「這是用我們自家雞蛋做的鮮奶油瑞士卷」等口號來為自己製作的瑞士卷做廣告，通常會招徠不少生意。這一方面因為日本當地消費者對生產地有一份執着，很容易接受這類商品；另一方面也給人一種很新鮮、很好吃的感覺，松岡認為這些都是很有想法的銷售策略。此外，如果只集中製作單一產品——比如瑞士卷，在生產流程上容易控制，在網絡和電話直銷上也便於管理，很受商家認同，因此不少都以此為產品策略，聘請兼職員工來操作機器，取代高薪的糕餅職人。在訂單較多的忙碌季節，機器可以長時間運作，比人手

更能確保產量。隨着人口下降，職人的數量也在減少，再招攬到以往那麼多的職人實在有點不太現實。現實是在嚴苛的工作環境下，商品售價低，再加上薪水不吸引，將成為職人作為目標的年輕人越來越少。考慮到行業面臨的未來，松岡先生也不排除將來會引入機械化來輔助製作。

松岡先生容貌出眾，又是一名專業的甜品師，吸引了不少粉絲。不過支持者可能要失望了，因為現時的他暫未有結婚的打算，他說事業是最優先的考量。「在香港與內地的一百名多位員工，對我來說如同孩子，雖然在精神層面上可能我比他們更像小孩。於工作時，我會時刻謹記保持開朗心態，『老闆跟小孩沒有兩樣呢！』可能他們也是這樣來評價我呢！」

松岡表示自己十分重視當下的事情，會把精力放在眼前的事業和夥伴身上。因為每天忙碌地工作，至今也沒有寂寞或者是想念家人的感覺。對於居住在日本的朋友，如非必要松岡很少與他們聯絡，只是在回到日本時，才會聯繫當年在福岡一起工作的職人。大家雖然身處不同地方，都在朝着更高的目標邁進，因此非但沒有感覺生疏，反而培養出一種互相啟發的關係。

在東京工作的時候，五年裡沒有回過家鄉，也曾忽視母親的短訊。遠赴海外以後，松岡跟母親的聯絡反而變得頻密。現在的松岡明白到，自己能夠專心致志投入工作全因為在成長過

程中一直看着母親努力的身影。「從兩歲那年開始，父親就不在我們身邊了。母親從早上五時就外出工作，所以平常我都是獨自吃早餐，然後到學校上課。看到母親當時拼命努力的情景，現在的我也要全心全意去工作。『因為這是你的人生，自己去決定吧！』母親一直這樣跟我說。直到現在，任何事情我都會自己下決定，任何困難我都會自己去克服。」

在東京生活時，松岡會經常想起已經不在人世的祖母。因為母親忙於工作，松岡小時候常常在祖母家，與祖母有很多相處的記憶。回想過來，松岡說祖母可算是他的另一位母親。「父母個子都很小，但我卻有 1 米 80 高啊！祖母身高 170 厘米，在那個年代並不常見。我的體型肯定是遺傳自祖母的基因。」看到今天事業有成的松岡，相信祖母在天國一定會感到欣喜。

高中畢業時對前路的想法仍是一片空白的松岡，無法做出任何決定。從那裡開始，他所做的每一個決定，又總是能行得通。「雖然這麼說有點不可思議，但是不刻意訂下目標，一邊帶着冒險般的興奮心情，一邊去自己想去的地方，這種生活方式，應該是我的未來吧。」

所以松岡既不多買家俬，不為移動增加負擔，也不置辦很多衣服。一條牛仔褲、一件襯衫和一雙好穿的鞋子就足夠了。

面對從夏威夷、澳洲、紐約等不同城市向松岡發出的工作

邀請，他說：「這些店家位處的城市我都想去。不過當下要先好好完成在中國的項目，再從這裡出發吧！」

一路走來，松岡懷着「想走訪未曾去過的地方，想接觸未曾體驗過的事物」的心態，並沒有刻意地要變得國際化，他隨着合拍的夥伴們一起努力，等待結果自然出現。他說：「可能不少人對於未經驗的事都抱有恐懼，不想嘗試接觸，但是跟自己持有不同想法的人一起，可以受到啟發，有助於做出更好的商品。」

松岡覺得，在香港經營生意特別有趣。這裡是來自不同文化的人匯聚的地方，人們的口味非常多元，因此在甜點這一行，甜品店應該服務哪一個顧客層是曾經讓他感到頭疼的問題。這些年的經驗使他懂得最好的方法並非是用頭腦反復思索，而是透過身心去理解，通過每天的工作去感受，之後再深入地思考。Cafe Life，雖然設定為一家以歐美客人為目標的甜品和咖啡店，但是店裡也經常有本地人和其他亞洲人光臨。在消費模式上，歐美人習慣於咖啡店裡消費，甚至連續購買三杯咖啡的人也不罕見。而亞洲顧客則比較多選擇以咖啡搭配甜點的組合。

「在作為咖啡店大國的日本，客人對咖啡館多數抱着少花錢、只點一杯咖啡來消磨時間的文化。而在香港，在咖啡館裡

會遇上不同類型的人，跟不同思維模式的人聊天，也可以注意到這個社會的多元性，思考以前自己未曾想過的事。這真是令人興奮呢！」

　　眼前的松岡先生談到未來時眼睛裡閃耀的光芒，讓人幾乎忘記了他一路走來的艱辛。聽着他雲淡風輕的講述，一瞬間腦海中浮現出「武士は食わねど高楊枝」*的詞彙。落落大方的松岡先生既有現代人的灑脫幹練，也流露出對他人最細緻的關切，這不正是武士的氣概嗎？面對未知的前途，尊崇內心的直覺，無論如何艱辛，內心時刻牢記自己描繪的成功的圖景，用自信和責任跟隨直覺的判斷，創造屬於自己的未來。此刻，在我眼前，大步走向異國未知旅途的松岡先生，其俊逸的背影與武士的畫面交織一起。

---

* 武士は食わねど高楊枝：日本諺語，直譯是武士即便不吃飯，也要用牙籤剔牙。引申為即使窮困潦倒，也要始終優雅的儀態和堅定的意志。

訪談後記

「我的夢想是觀世間美景，看盡美好事物。漫遊世界，遇到喜愛的地方，就停留一個月，或是開一間咖啡館住上幾年也好。我不想最終抱着遺憾離開這個世界。為實現這個夢想，我現在拚命地工作。現在不想什麼明確的計劃，我想有朝一日可以開始說走就走的旅行。」

說這些時雙眸閃亮的松岡先生，果然滿懷少年氣魄。未來他想在日本擁有自己的店舖，但究竟是在東京、九州，還是其他地方開店，什麼時候開店，松岡也未刻意去具體考慮，今後仍是聽從直覺做出決定。

無論是成為甜點師，還是走上模特、演員之路，或者是選擇來香港，都是聽從直覺和周圍人的牽引，最終實現的道路。現在，隨着生意跨地域的拓展，與不同國家的人相遇，對松岡先生來說真是非常愉悅的事情。環遊世界、在日本開設屬於自己的店舖，松岡先生的夢想一定會經由美好的機緣而實現的。我不禁憧憬着某一天，在國外某家迷人的咖啡店偶遇身材頎長、風姿翩翩的松岡先生。

インタビューを終えて

「夢は、世界中の絶景を見ること。スーパー綺麗なものを、全部見る。世界中を旅して、気に入ったところがあったら、1ヶ月滞在したり、カフェをオープンして数年住んだりしても良い。それをやらないと死ねない。そのために、今、頑張って働いているんですよ。プランを明確には決めず、いつか自由に旅をしたい。」

そう、目を輝かせながら語る松岡さんは、少年そのもの。日本にも将来、お店を持ちたい。しかしそれも、東京なのか、九州なのか、いつのことになるのか、あえて具体的には考えない。これからも、直感を信じて決めていく。

パティシエになることも、モデルや俳優になることも、香港に来ることも、直感と周りの人の導きで実現してきた。そして今、ビジネスをグローバル展開させながら、多国籍な人々との出逢いが楽しくて仕方ない。彼ならきっと、世界一周の夢も、日本に店舗を持つことも、素晴らしい巡り合わせによって、さらっと叶えてしまうに違いない。いつか、素敵な海外のカフェにぶらっと立ち寄ったら、そこにスラッと格好良い松岡オーナーがいる。そんなことも、ある気がしてならない。

第八章

香港夢

三橋早弥　×　加藤万奈

攝影：Cabin Cren Afterwork

對談者：三橋早弥
職　業：攝影師、作家
對談日：2020 年 1 月 19 日

簡歷：
1984 年　出生於靜岡縣。
　　　　　在城市銀行工作約 5 年後，轉職成為攝影師。

2016 年　隨前夫來到香港。
　　　　　其後以攝影和撰寫文章為主要工作，也擔任雜誌編輯；
　　　　　為香港的日語週刊和網絡雜誌等擔任採訪、攝影和撰文；
　　　　　為日本的媒體等擔任協調、採訪和攝影協助的工作。

對談者：加藤万奈

職　業：日語教師、作家
對談日：2020 年 1 月 19 日

於最愛的香港相遇

加藤：早彌，今天請多多指教！

首先，我們相遇的契機，是 2016 年 11 月邀請你幫我們在長子生日時拍攝全家福那天呢。

三橋：自那天起，我們經常在社交平台上聯絡，彼此關係可謂大躍進！我本身並不習慣向別人敞開心扉，所以這種關係真的很罕見。記得當時你約我用餐，我就迫不及待想和你見面了。

加藤：記得大約三年前我們在香港認識後，就有跟你透露過想寫書的夢想。作為一位同時身處香港工作的好友，我對早彌你是十分信賴的，去年更一起到過外地旅遊。這次考慮訪談對象時，想找一個對我熟悉的人：「如果是早彌的話，應該會擦出不少火花吧。」所以決定拜託你幫忙。

首先想問的是，早彌你比較喜歡香港哪些地方？

三橋：以一個城市的角度來考慮的話，我喜歡新舊文化、亞洲與西方特色、大自然與摩天大廈奇妙融合，在香港和諧共存。當友人說出香港好像打開一個百寶箱的感覺時，我確實心有戚戚焉。這多彩豐富、百看不厭的城市很值得用相機留下記錄。要說我不打算離開香港的原因，除了被她深深吸引之外，還因為她讓我瞭解到原來可以依隨自己內心的感覺去生活。一

直以來慣了心懷各種顧慮的我，發現在香港原來可以活得更加自我。

万奈你是怎樣想的呢？

加藤：問到我的話，我則喜歡香港人的活力。我現正在香港大學專業進修學院教授日語，晚上從七時至十時這三小時，為了學習，大家下班後都會從不同地方聚集於這裡。長長的隊列，擁擠的升降機，擁至不同課室上課的學生，在平日晚上看到這樣的情景讓我感動了。那種活力，那份上進心，那股為了磨煉自己而繼續學習的自信實在令人敬佩。

三橋：香港人相信着自己，也努力去了解對方吶。很多時候，即使大家言語不通，仍想盡辦法去跟我交流，真的幫助了我不少。

加藤：的確，喜歡交流的香港人很多，只要我坦誠地與他們溝通，他們也會同樣真誠地給我回應。除此之外，在這個季節（2020 年 1 月）有人穿短袖衣服，也有人穿毛皮，大家按照自己的感覺，選擇適合自己的服飾，可能有人認為這是因為香港四季並不分明，但我覺得這點讓人感覺很舒暢。相比起因為在意他人目光，為了迎合他人而自己變得缺乏主見，香港在這方面的確優勝很多。我也深深感受到日常生活中香港人對日本人的那份友善。這對作為日語教師的我來說真是相當幸福。

今天很想聽聽早彌你來到香港之後的經歷。你是甚麼時候從日本移居到香港呢？

專業的定義

三橋：2016 年 1 月，隨着被派到香港工作的前夫，我開展了在港生活。以前在日本從事攝影工作，所以到了香港後也想找一份關於攝影的工作。可是那時候不諳英語，也不會廣東話，找不到肯聘用我的顧主，最後只能以自由工作者的身份開始攝影師的工作。

加藤：當攝影師之前，有從事過其他行業嗎？

三橋：以往曾經在大型銀行裡負責銷售金融產品，工作了五年半時間後，因為個人健康問題最後辭退了工作。之後，我打算好好學習一直只視為嗜好的攝影，抱着磨練技術的念頭，找到了一個肯聘請我這種新手的地方。比起交學費到學校學習，當時覺得非常幸運。當時從沒想到自己竟然能夠成為一個正職攝影師，而且於七年之後能用這個身份在香港工作。

加藤：那麼你本來就對攝影很有興趣嗎？

三橋：最初是因為我對貓十分鍾愛，想把牠們拍得更美，於是去買了一台單鏡反光相機。可是老是自己一個人在拍，沒

有甚麼進步。之後隨着工作的展開，慢慢沉浸於了攝影世界。

加藤：現在也喜歡拍攝貓或人之類的主題嗎？

三橋：最喜歡拍攝人物跟背景比例剛剛好的照片。比起在影樓裡進行拍攝，我更傾向將香港的景色融入人像攝影裡。

加藤：取得平衡是當中的重點？

三橋：在不同的事物上能夠找到一個平衡點，就讓我感到很舒暢。學生時代，無論文或理科，我都很有興趣。到現在，除了拍攝也很享受撰稿方面的工作，可能是天秤座的特徵吧？（笑）比起在攝影領域裡徹底探索，我是希望同時也寫文章。曾經因為某份情結，總覺得無法專注在單一事情上的自己不夠專業。不過現在覺得能夠兼顧兩方面的工作其實也是自己的才能。

加藤：對於專業的定義，每人可能也有不同看法。早彌，對你來說，怎樣才算是專業呢？

三橋：我曾經認為完全投入到一件事情上才算是專業。沉醉於攝影領域是專業攝影師該有的形象。所以當自己被稱呼為專業攝影師時也曾經感到有點兒慚愧，畢竟覺得自己跟藝術家不一樣。不過現在的自己認為，能夠活用對平衡度的敏銳，做到令自己滿意的狀態就好。所以能夠拿捏構圖的平衡，應該是我的專業吧。

加藤：其實我曾經對專業也有一種情結，會很嚮往成為一

個在某種事情上徹底投入的人，認為這樣的人很有魅力。現在的我視為專業的目標，是以超過對方期望值 120% 的專注來做好承諾過的事。同時，現在也想在養育孩子上投放更多努力，雖然可能使得承擔的工作量有所下降，但最少會想在承諾過的事情上盡可能付出 120%。

三橋：隨着情況和時期改變，承擔的工作量不同，這種對專業的定義不錯哦。我也覺得懂得在不同範疇上調節比重的做法很適合。

加藤：作為攝影師，是甚麼契機令你開始寫作？

三橋：本身我喜歡寫文章，經常會以個人趣味的形式編寫網誌。另一方面，如果一味地進行拍攝工作的話，很容易會導致思維上閉塞。平時有機會為自己拍攝的香港不同地區的相片寫文字介紹，隨着寫的文章越來越多，在網誌上漸漸開始接到寫作的案子。既鍾情拍照、又喜歡寫作的我，在懷着想向大家傳達香港魅力的想法下，不知不覺就走到這裡來了。

加藤：那麼在工作時，甚麼時候會讓你感到愉快？

三橋：基本上任何時候都是愉快的。尤其是現在拍攝和寫作能夠取得平衡，跟別人共處和獨處的時間也分配得宜。有時候收到「到了妳介紹的店舖，非常不錯哦！」這些評價，會覺得很值得。雖然也有把動畫上傳到 YouTube 的習慣，但有時候

更新的密度比較低，也試過收到「很擔心你呢，現在看到你精神奕奕就好了。」這些留言，真的會讓我很開心。因為香港去年（2019年）有遊行活動，當時擔心雜誌上以香港作專題或是介紹香港的項目可能會變少。沒料到工作量有增無減之外，報酬亦隨之上漲，令我明白到正因為處於這個時期，市民更加希望遊客能多到香港。除了讓讀者高興以外，讓拜託我工作的客戶滿足，這些都讓我感受到這份工作的價值。到處散散步、拍拍照、寫網誌，對我來說經已很開心，這些工作最終能令他人感受到喜悅，更使我加倍樂在其中。

加藤：那麼在工作上，有沒有一些比較吃力的時候？

三橋：的確會有像膝蓋痛、長時間在電腦前工作眼睛會感到疲累、寫文章時想不到正確用詞等林林總總瑣碎的問題，不過這些都是接受這個工作時已經決定要承擔的部分，所以並沒有感到艱辛、麻煩。反而以整體來說，我很享受現在的工作。

通過自我對話認識自己

加藤：那對於人生呢？早彌你有甚麼着眼點？

三橋：我認為了解自己、明白自己的感覺這兩點很重要。寫文章的時候，借助他人的觀點的話，寫甚麼內容幾乎都沒有

難度，但是我盡可能抱有的心態是，讀者是因為閱讀我的個人感受而感到喜悅。拍照也一樣，會從自己認為對的感覺出發。以「食」為例，如果我不認同該食物是值得介紹的，就算是坊間公認的美味，我也會選擇忠於自己，並且把重點放在闡述個人的觀感、角度和文字。不過同時間我也會考慮甚麼樣的寫法會讓讀者比較容易理解，避免一頭栽進自己的世界。

加藤：「相信自己的感覺」是需要一定的勇氣嗎？那份勇氣從何處而來呢？

三橋：可能因為我認為感覺一事沒有對錯之分，所以也沒有想過關於勇氣的問題。如果大家都持有相同的意見，那書店裡只會排列着相同內容的書籍吧。也許正因為大家在某些事情上和我有着相同的看法，才會成為我的支持者吧，所以我覺得相信自己並不是太需要擔心的事情吧。

加藤：也有不少人會為跟大眾持不同意見會感到不安呢。可能因此有很多人不了解自己的感覺和想法，或者說不定也覺得沒有必要考慮自己的喜好。

三橋：万奈，你好像挺清楚自己的感覺，甚或說是了解自己的喜好。是否因為海外生活的經驗，讓你能夠產生這種想法？

加藤：其實在到法國體驗首次海外生活之前，我從沒有認

真考慮過自己內心的好惡。在日本，只要走進車箱，眼前就有各種類型的資訊，例如今個週末應該到哪裡去，最近哪種顏色最受歡迎之類，就算不特意去考量，只要知道大家都擁有某款產品，或是了解最近的推介，就自然會有一種安心感，不自覺中很容易感到滿足。

三橋：的確如此，在法國的車箱裡，真得沒有甚麼廣告呐。

加藤：對呀。在倫敦的地鐵裡幾乎沒有甚麼廣告。在法國生活那段日子，由於不懂法語，就算有廣播，也沒法理解當中的內容。而在日本，只有便利店、車站商場的地方，就會有種所有東西都已齊集的感覺，因此很容易分散注意力。那時候自己根本沒留意到日本是一個如此便利的國家，所以可能因而懶於思考「甚麼是自己的真實需要？」、「如何了解自己？」等方面的問題。在法國感到悶悶不樂的時候，會尋找如何令自己重拾快樂的方法。舉例來說，每次運動後，自己感覺內心都會變得舒暢（笑）。果然身心是互相牽連着呢。就這樣，因為海外生活的契機，我首次遇上展開與自己對話的機會。

三橋：所以與其說海外生活給予你一個跟自己直接對話的理由，不如說是提供了一個機會？

加藤：可以這樣說啊。跟丈夫結婚後，兩人一起到了法國，這是我首次離開日本的生活。除了丈夫以外，沒有其他家

人、朋友在身邊，也沒有上班，相比起每天忙碌的丈夫，自己每天都在閒着。當時不懂法語，又不懂英語，很多時候只能獨自過活。2005年，Skype才剛推出，當時根本沒有智能電話，基本上所有外間的資訊都是被阻隔着，於是第一次有機會思考：「究竟該做些甚麼才能讓自己快樂呢？」發現原來我希望看見別人高興的樣子。那時候深切感受到這正是我在外地生活中嚴重缺乏的要素。之後，我開始以義工形式教授日語，漸漸地看到學生滿足的神情的機會越來越多。要讓其他人開心，自己也必需要具備一定程度的語言能力，所以我決定認真學習英語。隨着英語的進步，能夠交流的朋友漸漸變多，生活也變得快樂起來。

三橋：雖然在香港生活是我唯一的海外經驗，但可以感受到在日本生活時的壓抑在這裡得到解放。

加藤：一般在哪些事情上，會感到受壓抑？

三橋：比如需要觀言察色吧。假設我表示自己喜歡貓的話，喜歡狗的人就會無意中感覺到被否定，也許這個例子比較極端，不過在日本的話，如果自己的意見跟對方不同，會覺得否定了對方。我也有像這樣感受到被否定的時候。我想可能這方面在香港得到了緩解。

加藤：是甚麼原因，讓你覺得在香港會得到緩解呢？

三橋：可能是明白了人們在觀念上存在着差異吧。話說回來，或許在日本生活的香港人也會感覺到某些煩惱得到抒解了吧。倒過來也有同樣情況，這並不是表示日本或香港哪裡比較好。日本土生土長的我，只要在日本，就會自然套上當地的觀念，會不自覺對自己的感受產生懷疑。明明有着「很開心」、「覺得不快」等感受，卻會因為在意別人的眼光及受制於社會觀念，無意中壓制自身的感受。總之在日本，大家就是會顧慮到其他人，例如在申請有薪假期也需要尋求上司的允許，這種過分考慮對方心情和立場的做法，對於思考如何向對方表達自己的感受是可取的，當然也有需要考慮到對方感受而改變表達方式的情形，但不期然之間我就會扭曲自己的想法。來到香港，反而比較能夠容易原諒自己呢。這種環境的改變對我來說其實也挺不錯。

加藤：離婚之後，決定一人留在香港，會否是因為這裡讓你從壓抑中解放？

三橋：當初打算留在香港，很大原因是因為這裡給予我一個改變的契機和一個能令我生活變輕鬆的啟示。我想就算日後回到日本，大概也不會回到之前那樣的生活方式。現在已經建立了一個相信內心感覺的基礎，儘管到哪裡生活大概也沒有問題，不過我還是喜愛給我帶來這種改變的香港。而且在這裡工

作也比較得心應手。除此以外，我很鍾情香港的街道也是個主要理由。

加藤：當時前夫要回日本時，也沒有想過回到日本嗎？

三橋：那時候其實完全沒有想過要回去。因為了解到自己是很渴望留在香港，而且也明白到自己的夢想要由自己去實踐。今後打算在香港走下去的想法，我覺得可謂是集到目前為止之大成所得的結果。相信自己內心中想留在這裡，一般來說，這種感覺可能不是被大眾支持的決定，儘管如此，我仍然希望盡力在自己想做的事情上打拼。

加藤：那麼妳是如何發覺到自己真正想做的事？

三橋：前夫被派到香港工作，本來預計停留四至五年。在大約兩年半的時候，他因工作即將被調回日本，當時正在考慮離婚的問題，而那時候我就想繼續留在香港。從那時開始，我會將自己的想法寫進筆記本裡，今天也同樣，把它帶在身邊。日常生活中很容易被忽略的自己的感受，在筆記本裡因為只有自己會看，所以不用忌諱，可以隨心所欲地寫下來。對於「為甚麼想留在香港？」這個提問，最初就把所有感情都記下，然後是「甚麼理由」，把箇中問題全部問過自己一遍。這樣記錄和梳理，最初主要是為了替自己消除疑慮，因為當初作為外派人員妻子的身份來到香港，以優渥的條件過上相對閒適的生活，

生活上也有前夫照顧。但留下來之後，就必須考慮如何獨自居住、工作、生活，內心為此感到頗為不安。我問自己：「雖說不安，但不安的理由究竟是甚麼呢？」把想法記到筆記本後，我漸漸明白了其中的原因。對於自己的不安不忽略，也不否定，選擇坦白如實地寫下來，這是一種正視自己、了解自身的練習，就如此時我跟万奈你對話一樣。通過這樣的練習，我明白到，有些事情是為了偽裝而做，有些事情僅僅是為了配合別人的觀感而做，也因此知道哪些是自己內心真正想做的事，

加藤：我也好，早彌也好，我們都有透過與自己對話而更加了解自身的經驗呢。那麼透過這樣的對話得知那不是偽裝、而是自己真正想做的事情究竟是甚麼呢？

三橋：是下決心要留在香港一事。雖然一直以來自己對離婚一事也沒有甚麼太好的印象，但現在才發覺那是社會上的觀念。例如，曾經的我因為讓丈夫獨自回到日本而自己留在香港，會有種不期然間做了壞事的感覺。當我問自己是否果真這樣認為時，才注意到離婚——本質上跟丈夫解除婚姻關係一事，本身被我自己設定為具有某種意思，離婚其實並不必然包含內疚、悲傷、或者失敗。另外我也明白到，原來我的離婚令父母傷心、或是被外間以「離婚人士」的身分看待等想法，也是我自己添加上去的。留在香港，在這裡工作、生活，是我真

正的願望。

　　加藤：這個社會上可能有不少人選擇對自己的真實想法視而不見，也許是覺得很難實現，所以從一開始就選擇無視它。「雖然知道這是自己的夢想，但既然一定沒有機會達成，倒不如換個目標吧。」

　　三橋：當考慮到「經濟方面要如何處理？」、「終歸還是很不安，要不要放棄吧」等問題時，我會把那種模糊的不安掃走，好好正視問題的本質。接着向前邁進一步，會發現原來解決的方法層出不窮。真正的願望是希望順應內心去生活，而這個已經跟留在香港一事聯繫着了。

　　加藤：可能因為實現了自己真正的願望，所以在工作上，就算勞苦也因為抱有一種幸福感而不覺得辛勞呢。那麼對於未來，你有甚麼目標呢？

　　三橋：今後，我也想繼續順應自己內心去生活。總結所有願望的話，我希望可以一步一步去認識這個世界，經驗不同事物，然後在安心和幸福的環境中生活下去。其中一個項目是會想養育孩子。除了因為是全新經驗之外，也能夠培育出另一種情感。當然，我也想把我喜愛的香港的這份魅力繼續傳達開去。

　　我也想聽聽作者万奈你的故事呢。其實你是從何時開始移居香港？

通往日語教師之路

加藤：帶着兩歲的長子，連同肚裡懷着的幼子來到香港，是 2014 年的 8 月。還記得來到香港的隔天，剛好要進行產檢，竟然遇上八號颱風。之後我回到東京誕下幼子，並於一個月之後再次回到香港生活。

三橋：香港是你第幾個海外生活的地方？

加藤：那時結婚後，就馬上伴隨念研究院的丈夫到法國，在那裡渡過了一年時間。那一年中有兩個月住在新加坡。然後又到英國，待了四年半左右，之後回到了日本。現在在香港居住，所以是四個地方呢。

三橋：在海外也是一直在工作嗎？

加藤：在法國時沒有工作簽證，只有以義工身分進行日語教學。那時的確覺得教授日語是一件樂事呢！早期在大學畢業後，馬上到了一間負責製作電視節目的公司擔任廣播員，然後，有做過電視及收音機的報導員、研討會及活動司儀等工作。結婚後與丈夫去了法國，在思考可以做些甚麼時，想到如果可以活用以前在廣播訓練中學到的知識，來教授外國人日語上的說話技巧，那不是挺不錯嗎？於是就以義工身分，由「あいうえお」的發音開始教授。當時由於沒有日語教師資格，也

沒有學習過要如何教授日語，所以一切在慢慢地摸索。

三橋：那是你之後成為日語教師的機緣嗎？

加藤：對啊。丈夫從法國的研究院畢業後決定往倫敦工作，當時我利用了半年時間自學英語，為了一探自己的英語能力，決定報考研究院的入學試。最後通過考試，考進心儀的西敏大學研究院媒體管理科。之前一直參以與節目製作及出鏡工作為主，在這一年時間，轉為學習有關媒體商業網站的知識，再加上遇到不少來自世界各地、同為媒體領域出身的同學，大家互相分享各國的媒體形勢，可謂十分充實。研究院畢業後，在一間日資大型廣告公司的倫敦分社擔任活動策劃人員。

三橋：那時廣告公司的工作，順利嗎？

加藤：工作上主要負責公司在倫敦及巴黎的活動規劃和運作，確實十分享受。在海外，由於有不少日資企業的分公司，反而增添了一份自信，覺得只要努力，大概在哪個國家都可以找到工作。另一方面，我也開始意識到自己勝任的事並不是自己真正想做的事。我希望往後再到其他地方時可以做一份不受國界限制的工作。由於在法國時很享受當日語教師，所以就決定朝着這個方向學習，一邊到廣告公司工作，一邊透過網上課程學習，最終取得民間的日語教師資格。之後我辭去了廣告公司的工作，開始在倫敦的金融機構等企業教授日語及擔任私人日語老師。

三橋：那麼，應該已經有十年的日語教師經驗？

加藤：嗯，已經十年了。倫敦生活之後，我回到日本。為了進一步鑽研日語教育，在海外的教育機關也能夠任教，我選擇入讀早稻田大學研究院日語教育研究學科，兩年半後終於順利畢業。

三橋：那時候，孩子已經出生了嗎？

加藤：我是在肚裡懷着第一個孩子時上研究院的。還記得孩子出生後，自己一邊用腳擺着他的搖椅、一邊寫自己研究生論文的情景。畢業禮那天，坐在嬰兒車裡的長子親手為我捧上花束，雖說那是母親及丈夫準備的，但是孩子來到畢業禮，還拿着鮮花，真的讓我很窩心，也很感激一直支持我的丈夫及母親。

三橋：之後來到香港，就以育兒生活為主嗎？

加藤：搬到香港後，剛巧香港大學專業進修學院招募教師，於是從 2015 年上學期開始，我以兼任講師的身份展開教學工作。

三橋：我想有不少人會煩惱如何於工作及育兒上取得平衡，實際上是如何呢？

加藤：雖然這是一個永遠的課題，讀研究院時培養的習慣使得我會根據需要排列好事情的先後次序。對我來說，兩個孩

子還在嬰兒階段時，相對上較容易投入於工作。香港有家庭傭工制度，有她們幫手，可以一起分擔家務和照顧孩子的重任。雖然丈夫平日經常會到海外工幹，但閒時也非常落力幫忙。比起以往孩子還小的時候，現在於教導孩子的層面上，作為母親的我需要負責的部分漸漸增加，需要傾注更多心力，很多時候，只是照顧孩子就有夠我疲憊不堪了。

寫 書 的 理 由

　　三橋：万奈，你一般都是以日語教師為主業，是從何時開始有寫書這個想法呢？

　　加藤：其實在七歲左右，已經模模糊糊地在腦海裡描繪過這個情景。上托兒所時母親會為我訂購一些讀本，也會讀給我聽。對我來說，走進書本世界、讓想像力飛翔的時間，可謂我人生最初的娛樂。還記得那時候寫下人生中第一個故事，標題仍記憶猶新。上小學後，當家人獎勵我時，習慣帶我到書店送我一本圖書。跟我的書迷爸爸一起走入小區的書店，當他選購書籍時我走到兒童圖書的書架前挑選圖書，待離開時他也為我買上一冊，這都是小時候的趣味。從那時開始，每當我凝望着書架，就會想：希望有朝一日書架上也會擺放着寫着自己名字的書。

　　三橋：是甚麼原因讓你決定在這個時刻實踐七歲那年萌生的夢想？

　　加藤：其實是出於自己的年紀到達四十四歲和認識到一位好朋友這兩大理由。先說前一個吧。我從小時候起已經對四十四歲這個年齡抱有一種強烈意識。十三歲的時候，四十四歲正值壯年的父親就離開了這個世界。從那時起，內心某處就有着：「人，原來在四十四歲這個年紀，也有可能會被突然奪去性命」這樣的想法。去年（2019 年）剛好到達這個年紀，是其中一個重要理由。生命並不會永遠持續下去，因此夢想更需要儘早實現。母親送給父親最後的生日禮物，還記得是手稿紙及鋼筆，因為當年經營公司的父親夢想是成為一位作家，可能我也想替他完成這個夢想吧。

　　「老師，寫出你的第一本書吧！」四十三歲那年，遇上擔任本書編譯的孫海玉 Helen 小姐，真得恍如命運一樣。當時正是自己將要越過父親的年紀時，內心是非常害怕的。父親去世的時候，正是日本的年號由昭和更改為平成那年，而在我四十四歲時日本又從平成更改為令和……加上那時自己的身體檢查結果不太順利，要到醫院覆診，於是忍不住將所有的事情串連在一起。正在這個時候，跟能夠和我一起討論出版書籍這個夢想的 Helen 小姐成為好友，令我振奮起來，於是下定決心一定要

實現這個夢想。

三橋：Helen 小姐應該是万奈你日語課的學生？

加藤：嗯，對啊。是教授日語演講課程時的學生吶。通常每次授課的第一堂上，我會讓學生分為兩人一組，彼此互相介紹和交流，之後在全體同學面前發表有關對方的內容。那一天剛巧學生人數是奇數，於是我跟 Helen 結成為一組。「老師，你有甚麼夢想？」「有機會的話，我想寫一本書。」「哦，我在出版機構工作，也許有機會的。」半年後，日語演講課程結束，我們倆首次有了在課堂以外的見面機會。「老師，不如實現出書的夢想吧！」這時候，才正式下定決心去寫一本書。之前腦海裡有浮現過書的主題，也計劃過如何去寫這本書，但是總未能夠積極行動。這次終於聽見腦袋裡有着引擎發動的聲音。當廣播員的時候開始，自己喜歡進行訪談，要寫的話，想寫一些在香港打拼的日本人的生活故事。這對我來說是能夠報答香港的事情，因為是在這裡實現了出書這個香港夢。

三橋：身為一名日語教師的身份跟想寫書這事有一定關連嗎？

加藤：為了教授日語，我首次將日語作為外語去看待，也因而再一次對日語產生興趣，更加喜歡上了日語。本來我個人就喜歡閱讀，從擔任廣播員的經驗開始，一直留意着應該如何

去傳達訊息，骨子裡有報道者和教師的特質，喜歡向其他人傳遞自己覺得有用的情報。對遣詞造句、表達方式，以至於甚麼樣的表達方式容易讓對方理解等，也有一定興趣。與此同時，越理解文字的力量，越明白文字也不是萬能，有些事情的本質並不能單靠文字展現出來，所以我想通過交流來完成這本書。

三橋：的確如此！我經常都感受到万奈你對語言的興趣。剛才你談及到喜歡書本，那麼你一般會在哪些情況下閱讀，又會閱讀哪些類型的書籍呢？

加藤：只要有時間的話，都會把握機會閱讀。在法國居住那段期間，在城堡的庭園、地鐵、咖啡店，甚至浴缸，只要有空都會拿起書本。我特別喜歡在歐洲生活時，在地下鐵裡會看日本歷史小說。跟家人前往渡假時也會看虛擬小說之類的書籍，個人很喜歡那種穿越時空、環境，並沉醉在其中的感覺。也會同時閱讀小說跟非小說類的書籍。藏在書本的不是只有知識，還會喚起讀書的情感，對我來說，書本就是我的朋友。

我 們 的 活 法

三橋：這本書出版後，你會打算以甚麼形式來安排工作？現在除了教授語言，也擔任語言指導，還教授尊巴舞

（Zumba）。未來也會把作家的工作加進來嗎？

　　加藤：對於工作和生活方式，比較理想的是可以有着不同形式。配合自己的能力做喜歡的事，不知不覺之間已經走到這裡來了（笑）。今後，在享受的事物當中，會想把比重偏向於更有意義和使命感的項目上。

　　加藤：對於寫作、課堂授課或是一對一的教學，我抱着同樣投入的心態，不過內心某處可能有一種「想從形式上留下點甚麼」的想法。畢竟，透過書籍可以將訊息傳遞給更多人，從這個層面上，感覺到應該選擇影響力較廣泛、更有意義的工作。未來在有限的時間裡，會選擇做更具意義的事，同時也好好教育孩子，希望以育兒與執筆為軸心沿着兩條路走下去。

　　三橋：對我來說，電子書籍跟傳統紙張印刷的讀物沒有甚麼分別，不過万奈你說過印刷版書籍是特別的，為甚麼會有這種想法呢？

　　加藤：對我來說，那是藏在內心的原始景象。日後，當這本書被放到書店時，我一定會真切感受到夢想達成的感覺，對我來說，這是最大的幸福感。

　　三橋：在万奈你的心裡，有「想成為這樣的人」的想法嗎？

　　加藤：我想成為一個「重視溝通的人」。我覺得人與人之間的交流其實聯繫着各方面，從家庭內夫妻間的對話、孩子

的教育，以致世界和平。這次能夠實現出書這個夢想的一大理由，是因為跟每位參與這次計劃的人都能夠做到最真誠的溝通。有很多人會在人際關係問題上感到懊惱，連我也不例外。覺得溝通很繁瑣，可是把它隔絕在外也不見得就能解決問題。今後，我打算繼續去思考如何才算是好的溝通。

對早彌你來說，有想成為的某一類人嗎？

三橋：問到我的話，我會想成為一個「平穩的人」。內心中有自己的主軸，不偏離，尋找讓自己滿足的內核。現在正努力地實踐這個目標，同時還是希望順從自己的內心活着。

加藤：對早彌你來說，「活着」，是一件怎樣的事？

三橋：對我自己來說，經歷就是「活着」。我猜「三橋早弥」的所有經歷，應該就等同「活着」吧。作為我自己，這個人，就是「活着」。所以要求自己的「生活態度」跟別人吻合，是困難的。我認為不理解自己，只到外面探索的話，應該一時三刻的刺激就會結束吧。自己的願景也好，自己的夢想也好，都在自己的內心當中。先把它找出來，再去累積經驗，我覺得這就是「活着」。

對万奈你來說，「活着」又是怎麼的一回事呢？

加藤：因為在眼前看到想活下去卻又未能如願的人，所以會盡力活下去。對自己的「活法」不放棄地持續追問，大概就

是「活着」的意思吧。為了寫這本書，與包括早彌你在內的了八位嘉賓有了深入的交流，聆聽他們的人生故事。通過嘉賓們的「活法」，我對自己的生活意義有了更深的理解。如果本書能夠啟發讀者們去考慮屬於自己獨一無二的「活法」的話就好了。

三橋：理解自己也好，自我決定也好，每個人迎接新挑戰時仍然會產生恐懼感，這種因果關係是不能分割的。我覺得人生本來就不能分為絕對正面或是絕對負面的兩個極端。就算是有多了解自己的人，也會有不安的時候。我感到這本書對追逐夢想，或是想令自己進步的人來說，會是背後的一股推動力。

加藤：謝謝你！人生不會只存在順境，也不會盡是逆境。香港正是這樣一個有如人生縮影般的地方，它會給你美麗的一面，也會展露不善之處。正因如此，它才是迷人的，有着多方面的魅力，這正是香港的吸引之處。

三橋：不同立場有着各自的主張，充滿獨特個性，這就是香港的優勝之處。如果想要感受多樣性，這裡是我推薦的地方。

万奈，最後請你分享一下在本書中最想傳達給大家的訊息。

加藤：我想帶給香港讀者的是：請不要錯過書中每一位喜愛香港的日本人在香港的支持下努力打拼的生活故事。如果可以讓大家重新感受到香港是一個很棒的城市，那會是我的榮幸。對於日本讀者，我想說的是：希望透過每一個對話讓大家

明白到，人生原來可以充滿着各種不同的選擇。對於「想到外地體驗一下、想學習外語或是想結交外國朋友」的讀者，希望本書可以成為你們背後的力量。

在最後，對於「實現夢想」一事，我是由衷地相信的。假如本書能夠成為大家思考「我的夢想」的契機，對於作者的我來說，沒有比這更值得讓我喜悅的事了。

早彌，今天衷心感謝你來接受訪談。

後　話

　　2020 年 4 月，我一邊寫着這本書，一邊不禁想，新冠肺炎之後的世界到底會變成甚麼樣子？隨着大家價值觀的改變，很多事情也會和以前完全不同了。但不管環境或方法如何變化，在大家的心中，一定也有一些從以前到現在都不曾改變的東西吧！正因為新冠肺炎，在與他人接觸和外出都不得不受限的現在，我更加希望許久不曾想過自己小時候的夢想和人生的意義等的人們，能夠再一次有和自己對話的機會。如果這本書能讓讀者們開始回想自己的初心，就是我身為作者最開心的一件事。

　　回想這一年的時間裡，對書中八個人的採訪，一字一句都成為了我之後人生珍貴的食糧。透過訪談，也讓自己再一次思考「人生最重要的東西是甚麼，如何才能實現自己想要的人生」。透過書中登場的八位日本人在異地的香港努力追逐並實現自己夢想的故事，我深深地領悟到，人生沒有既定的答案，自己夢想要靠自己的思考與行動才能實現。

　　足球選手中村祐人選擇更改國籍代表香港打球，希望能把自己的經驗和香港的未來結合在一起。我們常常因為太過在意周圍的人的看法，選擇了他人的期望、而不是自己真正想要做的事。中村選手的故事讓我們領會，應該要專注在自己的幸福，不用太過在意他人的想法。

後書き

　これを書いている 2020 年 4 月現在、コロナウィルス後の世界は、ど
うなるのだろうかと思いを馳せている。人々の価値観が変わり、それに
よって大きく変わっていくこともたくさんあるだろう。環境や方法は変
われど、それ以前も以後も、決して変わらずに皆さんの心の中に残り続
けるものもあるだろう。幼い頃から抱いていた夢や、人生の意義につい
て、少し考えるのをお休みしていた人には、他人との接触を制限され、
外出自粛を余儀なくされている今こそ、もう一度、自分との対話の時間
を持って欲しい。この本が、そのきっかけとなってくれたら、著者とし
てこれ程、嬉しいことはない。

　8 人のインタビューを振り返ると、数十時間に渡るインタビューの全
てが、余すところ無く私の人生の糧となった。「自分の人生に最も大切
なものは何だろうか。それを叶えるためには何が必要か。」インタビュ
ーや執筆を通して、私自身が常に、その課題にさらされた。誰も答えは
くれないし、持ち合わせていない。わかっているのは、自分が、人生の
主人公として、考え、行動しなければ、夢は叶わないということだ。こ
の本に登場してくれたのは、香港という異国の地で夢を叶え、更なる夢
を追い続けている日本出身の 8 名だ。

　サッカー選手の中村祐人さんは、国籍を変え香港代表になることを
選択し、自分の経験を、香港の未来に繋げようとしている。私達は、他
人にどう思われるかを気にしがちで、自分自身の望みよりも、周囲に求
められる行動を選択してしまうこともある。周りの空気を読み過ぎず、
自分の幸せに集中することも必要だと気付かせてくれた。

藝人和泉素行先生是個非常直率、勇於追求自己的人。身為光鮮的藝人，和泉先生為了取悅大眾常常要表現出外向的一面，但他同時有內在深沉的一面。他常常自問：「自己的個性到底是甚麼？」並且用自己的行動來展示自己獨有的個性。這樣的他讓我着迷。

美食記者甲斐小姐本着想要創造自己本能上喜歡的東西的心情，勇於踏出原本一帆風順的舒適圈，實現了成為編輯者的夢想。她的氣場強大，她的背影讓人目眩神迷。不管身在何處，即使身為母親也絕不放棄自己的理想，甲斐小姐的故事讓我對自己的人生也有了更深的感悟。

小提琴家田中小姐，在越是艱難的時候越想要傳達音樂的力量。田中小姐希望大家能更加珍惜日常生活中的隨處皆有的藝術。她的故事讓我對自己與雙親以及老師們的關係有了更深一層的認識。她熱情又纖細的演奏，也讓我在香港的生活更加豐富多彩。

主廚長屋先生能夠不斷更新自己的價值觀，調整自己人生的道路。很多日本人是完美主義者，常常因為無法接受不完美的地方而自苦，而長屋先生卻能夠勇於追求「不完全的美」這樣的新概念，是我今後也想繼續關注的對象。

タレントの和泉素行さんは、真っ直ぐに、自分らしさを追求している人。その華やかなタレント性は周囲を喜ばせるために常に外に向かっているが、同じ位、深く内にも向いている。「自分らしさとは何か」を自問し続け、それを全て行動で示そうとする格好良さに痺れた。

　フードジャーナリストでライターの甲斐さんは、本能的に好きな物を創りたいという気持ちで、順風満帆なコースから敢えて一歩踏み出して、編集者になるという夢を叶えた人。そのストーリーは力強く、その背中は眩しい。ロケーションチェンジを繰り返しながらも、決して諦めず、母親としても奮闘する姿に、私自身の人生の意味を深く考えさせられた。

　ヴァイオリニストの田中さんは、大変な時にこそ、音楽のパワーを届けたいと語る。そして、日常の中にある芸術を大事にして欲しいと呼びかける。両親やメンターを始めとする人との繋がりの大切さについても、改めて気付かされた。彼女の情熱的で繊細な演奏は、私の香港生活を間違いなく豊かにしてくれた。

　シェフの長屋さんは、自分の価値観を常にアップデートし、その道はいくらでも修正できると示してくれた。日本人は、完璧主義と言われ、しばしば、そうではないことを受け入れられず、苦しむ。不完の美という新しい概念を追求している長屋さんの今後に注目したい。

化妝師關根惠美為了進入完全沒有人脈的美妝界，勇氣十足地帶着自己的作品拜訪了多間雜誌社。人們總是很容易找到自己做不到的原因，但關根小姐的故事告訴我們：從自己身邊的事情開始，用自己的推動力就能改變自己的人生。關根小姐說，她的夢想是能一直抱持着這樣的勇氣生活下去，不只是為了自己，也希望能對全部的女性都有所啟示。

　　以甜點起家的咖啡店老闆松岡先生是個相信直覺的人。他的故事讓我了解到跟隨直覺行動，是和思考一樣重要的真理。如果在腦中考慮得太多，反而只是浪費時間。松岡先生專注眼前的事物，並為了自己承諾的事而不懈努力的身影，在我心中留下了深刻的印象。

　　和攝影師三橋早彌小姐的對談好比與我自己對話一樣，讓我再一次認識到了解自己的重要性。如果不了解自己的話，不但無法掌握、實現自己的夢想，也不可能帶給他人幸福。

　　雖然很想把八位主人翁的訪談都詳細的公開，但限於篇幅，我儘量忠於原意，將訪談用文章的形式表達出來。要把每一位獨特的故事整理出來是很困難的任務，但我從作者的角度，看到了這八位人物的不同故事中的三個共通之處。

メイクアップアーティストの関根めぐみさんは、全くツテがなかったメイク業界に入るために、いくつもの雑誌社に持ち込み営業をした勇気の持ち主。出来ない理由を探すのは、いつだって簡単だが、どんな状況でも、目の前の出来ることから始め、自分のエンジンで人生を変えていく姿を見せてくれた。この勇気は自分のキャラクターだと語り、それを、自分のためだけではなく、全ての女性のために役立てていきたいという夢がある。

パティシエでオーナーシェフの松岡さんは、肌感覚を信じる人。考えることと同じ位、直感に従い行動することに真理があると教えてくれた。頭で考え過ぎていたら、時間ばかりが経ってしまう。目の前にあることや約束したことを、必死で果たしていく姿に、胸を打たれた。

カメラマンでライターの三橋早弥さんとの対談では、自分との対話によって、自分を知ることの大切さを再認識した。それがなければ、自分の夢に気付き、実現していくことはおろか、他人を幸せにすることも出来ない。

登場してくれた８名の方との語りの全てを公開したい位なのだが、紙幅には限りがある。各章では、なるべく忠実に誠意を持って、皆さんの語りを文章にした。それぞれの語りはユニークで、それをまとめるなんてことはおこがましく、また、とてつもなく難しいのだが、著者の責任として、敢えて、私が８名の皆さんに共通していると感じたことをまとめるとするならば、この３点に集約されるのではないかと思う。

第一，八位主人翁都非常了解自己，或者說大家都努力的想要更加了解自己。

第二，八位中的每一位都能讓人感受到，在香港生活等的海外經驗與自己背景結合而形成強大的魅力。在異鄉不熟悉的崎嶇道路上，雖然辛苦卻努力前行，一步一個腳印開創屬於自己的道路。跳脫出自己的舒適圈，以個人的獨特魅力在新的土地上持續的挑戰自己。在成功之後更多了一份包含着自信和專業的、獨一無二的存在感。

最後一點，是大家的身邊都包圍着很多一直幫助和支持着自己的人。之前有聽過「肯給予的人才會成功」，我這次透過寫書而遇見的這八位，真的是毫不保留的幫了我很多忙。為了書的出版絞盡腦汁，用他們寶貴的時間給了我許多意見。不只如此，就算是在述說過去辛酸或難以開口的經驗時，也笑笑地用幽默的態度來面對。他們寬廣的心胸讓我如沐春風，讓我一遍遍地感受到「我也想成為這樣的人！」的衝動。在此，我想藉這個機會，再一次對充滿包容力和奉獻精神的大家表達我深深的感謝。

書中八位人物的三個共通點，從今以後肯定會為我們今後的人生帶來許多啟示。不斷地努力了解、挑戰自己，就算經歷

一つ目は、皆さんそれぞれが、「自分」をよく知っている。もしくは、常にそれを知ろうと努力しているということだ。

　二つ目は、その魅力に、香港をはじめとした海外での経験を掛け合わせたハイブリッドの強さを持っているということ。決して平坦ではない異国の荒れた道を、もがきながら、昨日より今日、今日より明日と、その道の行く先を切り開き、自ら進んできた。快適なコース（comfortable zone）を、かなぐり捨てて。掛け替えのない個人としての魅力に、新しい土地で自らの可能性に挑戦し続けてきた結果得た専門性と自信が加わり、唯一無二の存在になっている。

　最後に、周囲に必ず、彼らを助け応援したいという人が集まっているという共通項がある。「与える人（giver）こそ成功する」と聞いたことがあるが、まさに、私が今回の執筆を通して出逢った８名は、惜しみない協力を下さった。私の出版への思いを汲み取り、貴重な時間を割いて下さった。それだけでなく、話しづらいであろう辛かった経験や失敗談でさえ、笑顔でユーモアを交えて話してくれた。その心の余裕に救われ、「私もそういう人でありたい」と何度も思った。懐の深い、サービス精神に溢れた皆様に、この場を借りて、もう一度、お礼を申し上げたい。

　この３つの共通項は、きっとこれからの私達の生き方にヒントを示してくれている。自分を知る努力を惜しまず、チャレンジし続け、すぐ

困難，也能有一笑置之的胸懷。這樣的人的周圍，自然而然會
有許多想要幫助、支持他們的人。

我衷心地希望，本書中七位主人公的人生故事和兩位女性
的對談，能夠激發讀者們在對未來充滿不安、心情低落、不知
道如何是好的時候，能充分發揮想像力，邁出下一步，進而實
現大家的夢想。

には難しかったとしても時間が経った時には、失敗を笑い飛ばせるだけ
の心の余裕を持っていたい。そして、そういう人の周りには、彼らを応
援したいというファンが集まるのだ。

　この本が、7名のライフストーリーと2人の対談が、先の見えない
不安で、気持ちが落ち込んでいる時、何から手をつけて良いかわからな
くなっている時、読者の皆さんの想像力を刺激し、少しでも次の行動を
起こすきっかけを呼び起こし、皆さんの夢を叶えることに繋がってくれ
たらと願っている。

謝　辭

首先，這本書是因為我遇見了相信我的能力，並幫我實施出版計劃的孫海玉小姐才得以誕生。我對她深懷謝意。

其次，如果沒有對書中八位人物的訪談，這本書也不可能完成。非常感謝大家不介意我生澀的訪談技巧，與我分享寶貴的經驗，幫我完成書中的訪談。

這本書的原稿是日語，由我之前的學生：孫海玉小姐、馮曼儀小姐、孫筱雲小姐、勞頌貽先生與馮汶豪先生貢獻寶貴的時間將書中內容翻譯成中文，雖然花了大家很多時間，大家還說「這次的翻譯是很好的日語學習」，讓我在心中非常感激。

最後，我要感謝在天國的父親，雖然我們相處的時間很短，但他豐富的愛給了我自信；也要感謝在日本的母親和妹妹、她們相信我對文字和表達的熱情，並一直支持着選擇國際結婚、又住在海外的我。最後要謝謝讓我領會到人生的喜悅的兩個兒子以及我的人生伴侶，我最敬愛的丈夫總是用他獨特的幽默感逗我笑並鼓勵我，我從心底由衷地感謝他們。

謝 辞

まず、この本は、私を信じて、出版企画を持ちかけてくれたヘレンさん (孫海玉小姐) との出逢いによって生まれました。深く感謝します。

そして、インタビューや対談に協力して下さった8名の方がいなければ、この本は完成していませんでした。私の拙いインタビューに長時間付き合い、貴重なお話をして下さり、本当に有難うございました。感謝の念が絶えません。

この本は、私が日本語で書いたものを、私の元学生の皆さんが、ボランティアで中国語に翻訳してくれました。多くの時間と労力を費しながらも、「日本語の勉強になるし、楽しんで訳しています」と言って下さった孫海玉小姐、馮曼儀小姐、孫筱雲小姐、勞頌貽先生と陳汝豪先生に、心から感謝の意を表します。

最後に、過ごした時間は短かったけれど、有り余る愛情で、私に自信を持たせてくれた天国の父と、国際結婚して海外に住む私を、いつも日本から気にかけてくれ、私の言葉と表現にかける情熱を信じ、応援してくれる母と妹に感謝します。そして、私の人生のジャーニーに付き合い、いつもその独特のユーモアで私を笑わせ励ましてくれる最愛の夫と、人生の喜びを教えてくれる2人の息子に、心からの感謝を送ります。

責任編輯	洪永起
書籍設計	林　溪
排　　版	高向明
印　　務	馮政光

書　　名	我的香港小旅行 —— 在這裡遇見的八位日本人
作　　者	加藤万奈
編　　譯	孫海玉
出　　版	香港中和出版有限公司 Hong Kong Open Page Publishing Co., Ltd. 香港北角英皇道 499 號北角工業大廈 18 樓 http://www.hkopenpage.com http://www.facebook.com/hkopenpage http://weibo.com/hkopenpage Email: info@hkopenpage.com
香港發行	香港聯合書刊物流有限公司 香港新界大埔汀麗路 36 號 3 字樓
印　　刷	美雅印刷製本有限公司 香港九龍官塘榮業街 6 號海濱工業大廈 4 字樓
版　　次	2020 年 7 月香港第 1 版第 1 次印刷
規　　格	32 開 (148mm×205mm) 256 面
國際書號	ISBN 978-988-8694-68-6